100 foreign

classics

for children's poetry

中国儿童文学研究会诗歌教育委员会推荐用书

外国
经典童诗
诵读
100 首

主 编

王宜振

副主编

郭学萍　贾　玲　巩英莉　洪　霞　薛　萍

陈　曦　黑　女　丁　云　郁旭峰　李　茜

董　雪　崖中生　常青川　马国宏　李晓萍

西安电子科技大学出版社

p r e f a c e

今天的孩子需要怎样的童诗

王宜振

童诗不应在孩子阅读中缺失

在教育部制定的语文新课程标准中，已经把阅读作为孩子的核心素养来培养，阅读在语文教学中的地位愈来愈重要。可在孩子的阅读中，往往把小说、童话等热门文体放在首位，儿童诗逐渐被"边缘化"，淡出了孩子的阅读领域。儿童诗在孩子阅读中的缺失，引起了一些专家、学者的深深忧虑。著名诗人金波认为，当下小读者对诗表现出一种冷漠态度，会直接影响到阅读的质量。因为诗是最凝练、最精微的文学样式，一个孩子如果不喜欢诗，不会欣赏诗，那么他对生活的感受是粗糙的，也很难读出其他文学样式的精华。

诗歌是内视点文学，是心灵的文学，它有一种特殊的功能，即诗的审美作用，可以使人们更精致地感受生活。诗歌，作为中华美学精神的一部分，早已把审美与人格塑造联系了起来，它讲究"身入""心入""情入"，正如春风化雨，润物无声。孔子说"诗可以兴"，两千多年前他已经在探究诗歌一个最本质的功能，即审美地培育人格的作用。

中国是一个诗歌的泱泱大国，自古以来就有"诗教"的传统。诗教就是用诗来管理、教化社会，也就是人们常说的"以诗治国"。诗通过潜移默化的作用，对人的心灵进行陶冶，使心灵得以净化、丰润和提升。也就是说，诗歌可以提升人的精神品质。同时，诗歌对培育孩子的语文素养，提高孩子的写作能力，亦有着十分重要的作用。

所以，我要说：诗是文学中的文学、皇冠上的明珠，诗是文学的种子、文学的灵魂，诗歌不仅不能在孩子的阅读中缺失，而且还要放在重要位置。

当代童诗教育现状

童诗这么重要，可当前童诗教育的现状并不令人满意。目前，由教育部编写的中小学语文教材，大大加强了古诗文在教材中的比重和分量，然而，新诗课文并没有增加。我不反对在中小学语文教材中加大古诗文的比重，这也是传承传统文化所必要的。可它毕竟离现代的孩子已经久远，现代的孩子很难想象古人创作的情景和背景，何况，一个人要想完整地理解古诗，也需要人生阅历，需要将其内化才能达到。相对来说，现代童诗最契合儿童的年龄特征，适应他们的理解能力。我以为，诗歌教育应把现代童诗放在重要位置。

目前，语文教材中现代童诗不仅篇目少，而且选编的作品，有些比较简单、肤浅，缺少诗的内涵。在语文教学中，一些教师对现代诗歌教学也认识不到位，把握不准确，对现代诗歌和现代文采用了同样的教学方法，落入了内容分析、背景介绍和词语解读的俗套，造成了现代诗歌教学的"诗性"不足，语文教学的"诗意"不足，未能彰显现代诗歌教学应有的价值和魅力。

图书市场上的童诗选本，主要有两类。一类是所选作品过于直白浅陋，没有给孩子留下更多的想象空间。他们低估了今天的孩子，低估了他们的想象能力、理解能力和更加微妙的内心感受。另一类则是把孩子阅读的诗与成人诗混同在一起，他们的选本重视了诗歌的文学价值和丰富的内涵，却不重视孩子的年龄特征和理解能力。有一些给孩子选的诗集，听说市场情况还不错，可入选的那些诗，孩子根本读不懂；即使中学生，也是一知半解。这样的诗虽然是好诗，但不是童诗。孩子要长到一定的年龄，有了一定的阅历和生活积累，才能去读，去慢慢地理解。自然，市场上还有一些较好的诗歌选本，但比较少，也缺乏一定的影响力。

笔者认为，为孩子编选一套既有较高文学价值，又适合孩子年龄特征的诗歌读本，已是刻不容缓、势在必行的一件事情。再说，有一些学校开设了诗歌课，在校园这块阵地上开展诗歌特色教育，可由于缺乏诗教老师，诗歌的教学方法简单、肤浅、单调，很难引起孩子对诗歌的兴趣。不少诗教老师和语文老师，也很期待能出现一种体现选家眼光、适合中小学生阅读和诵读的诗歌读本。编选这样一套读本，已是诗歌教育的大势所趋，是学校开展美育和德育的需要，是凝聚人心、成风化人、完善人格和人性发展的需要。有志人士呼吁，必须把这项工作列入编辑、出版工作的重要议程，以适应推广诗歌教育的急需。

诗歌教育出现前所未有的光明与契机

2017年5月，中国儿童文学研究会批准诗歌教育委员会正式成立。诗歌教育委员会一成立，就致力于整合全国诗教资源，广泛推动诗教发展。所做的第一件事，就是开展经典童诗诵读活动，短短三个月，在微信平台推送经典童诗50首，听诵的中小学生达到160万人次。这一活动将经典童诗根植于广大中小学生心中，使他们有机会与诗结缘，从而爱上诗。第二件事就是编选《中国经典童诗诵读100首》和《外国经典童诗诵读100首》两个选本。为了编好这两个选本，我们组织了以童诗诗人、教材专家、特级教师为主的编选团队，入选这两个选本的作品，都是这个团队一首一首精心挑选出来的。概括地讲，这两个选本主要有以下几个特点：

一、经典性。给孩子怎样的诗，正像给孩子怎样的营养品一样重要。这两个选本，体现了一个重要思想，就是作品的经典性。选家的眼光，聚焦于那些经过岁月洗礼、历久不衰、至今让人动心的作品。在编选《中国经典童诗诵读100首》的过程中，我们对新诗百年来优秀的童诗，集中进行了细致、全面的梳理，入选的既有20世纪"五四"以来名家、大家的作品，他们的作品，至今读来仍感人肺腑，字字句句熠熠闪光；我们还关注20世纪70、80、90后年轻诗人具有经典品质的诗歌，他们风格各异的作品，不仅开拓了诗歌艺术的表现力，也大大丰富了童诗这一艺术宝库。我们还特别关注中国台湾诗人的作品，他们的作品，同样是中华民族的一笔精神财富。总之，我们力求使这两个选本，成为孩子诗歌阅读的指南。

二、适用性。为孩子编选这样两个读本，一定要和小学语文教学相结合、相融合，它应是语文教学的拓展和补充。在选编过程中，我们十分注重选择那些既有较高审美价值，又适合孩子年龄特征的诗作。这就要求入选的诗作，既要口语化和浅语化，又要幽默风趣，使孩子爱读、乐读、耐读。为了便于读者理解，我们还增加了"赏析"和"诵与思"栏目（五大名师撰写），让小读者与诗歌深度融合，让诗境、诗意陶冶和滋养一代孩子的心灵。

三、音乐性。对孩子进行诗歌教育，首先应从读诗诵诗开始。诵读，是推广诗教、开展诗歌阅读的重要方式。这就要求入选的诗歌，具有很强的音乐性。诗的音乐性是诗歌这种文体独具的特点，也是诗歌区别于小说、童话、散文的重要标志。诗歌的音乐性，包括外在音乐性和内在音乐性两个方面：外在音乐性又称外节奏，内在音乐性又称内节奏。这两个选本所选的诗歌，有的内外节奏都有，有的虽没有外节奏，却有很强的内节奏。小读者不仅可用眼从诗形去捕捉诗语的音乐性，还可用心从诗质去捕捉诗情的音乐性。这就使两个选本便于诵读，成为孩子诵读诗歌的首选本。

在诸多诗人和教学专家的不懈努力下，诗歌教育出现了前所未有的光明与契机。我们要抓住这一大好时机，广泛推广加强诗歌教育，让更多的孩子都来读诗、写诗，让孩子都有一个诗意的童年，长大了有一个诗意的人生。

2018年3月7日于西安小南门

（作者系中国作协原儿童文学委员会委员、中国儿童文学研究会诗教委员会执行主任、著名诗人、教材作家）

contents 目录

p o e t r y

露　珠

[日本] 金子美铃

谁都不要告诉
好吗?

清晨
庭院的角落里,
花儿
悄悄掉眼泪的事。

万一这事
说出去了,
传到
蜜蜂的耳朵里,

它会像
做了亏心事一样,
飞回去
还蜂蜜的。

（吴菲　译）

赏　析

抓住寻常事物的特征，加以联想，构成诗意盎然的表达，这是儿童诗的显著特征。金子美铃这首《露珠》就是选取了大自然的寻常物——露珠，加以描写，诗人发现了它的一个动人故事：它是花儿的眼泪。花儿为什么掉眼泪，诗人并没有探究，而是引出另一位主人公——蜜蜂，这件事如果被它知道就不好了，因为蜜蜂会自责难过。拟人化的修辞把善意的主题瞬间展露。

用一个想象来编故事，编得真切动人是这首诗打动我们的原因。它的开头就像对我们说一句悄悄话："谁都不要告诉，好吗？"是不是已经紧紧地吸引了我们的好奇心？童诗的魅力也就在这种吸引中展露无遗。

诵与思

大自然中到处都有故事，一只蚂蚁不会无缘无故地爬到树上，一片叶子也不会突然就掉到河里……想象一下，花儿为什么掉眼泪呢？你也来编一个动人的故事吧。

蝴　蝶

[加拿大] 迈克尔·布洛克

春天的第一只蝴蝶，
身披橙色和紫色，
从我的路上飞过，
一朵飞行的花，
改变了我生活的颜色。

（张文武　译）

赏　析

春天，诗人在路上走，一只身披橙色和紫色的蝴蝶一闪而过，它意味着更浓郁的春天即将到来。诗人把蝴蝶比喻成"一朵飞行的花"，这个比喻中蕴含着欣快和喜爱。这只蝴蝶的出现让人眼前一亮，所以说它"改变了我生活的颜色"。诗歌旨在告诉读者生活的情趣在于观察，在于对美的感受，在于"春江水暖鸭先知"，或许一个不经意的发现，就会让你的生活满载温情。

诵与思

这首诗只有短短的五行，充分体现了诗之语言的凝练，说一说"改变了我生活的颜色"是指什么样的变化？

我长大以后……

［阿根廷］荣凯

妈妈，
当我长大了，
我要搭一个长长的梯子，
一直通到云端，
我要爬到天上去摘星星。

我要把所有的口袋
都装满闪闪发光的星星，
然后带回来，
分给学校里的小朋友们。

对于您，我的好妈妈，
我要给您带回那轮明月，
让它照亮咱们家，
不再费一点儿电。

（杨明江 译）

赏 析

　　小孩子对自己长大以后的事情经常有很多想象，比如搭个足够长的梯子去摘星星。你也许也想过，但接下来怎么办呢？你有没有想过分给学校的小朋友？有没有想过带回月亮给妈妈照明，给家里省电？这首诗的趣味性在第一节，意义却在后面两节：将爱和美德融入诗行，让诗歌满载情义。好的儿童诗，是由美感和价值追求两方面构成的，这首诗显然深具可读性与可思性。

诵与思

　　这是一个有趣的话题，你也来写一首诗：《我长大以后》。

是大还是小

［俄罗斯］沙霍杰尔

儿子想要
远足去山野。
母亲说：
"不行！
你还小，
等大些也来得及！"

儿子哭起来，
一把眼泪，
一把鼻涕。
母亲说：
"这么大了，还像小姑娘，
哭哭啼啼的！"

瞧这大人说话，
说我小说我大，
都是她的理！

（韦苇 译）

赏　析

　　这首诗写的是日常生活中一件司空见惯的事情，却仍然给我们新奇感，为什么呢？因为它采用了对比的写法。小孩子一会儿变大，一会儿变小，全看大人怎么来解释，大人总是有他们大人的道理。儿童诗用一种贴近儿童的视角，来阐发孩子的心理，进而说明一些更为复杂的命题，当我们认真读完这首诗歌的时候，是否也对世界的矛盾性有所思考呢？

诵与思

　　1. 生活中你也有过这样变大变小的时候吧？写一写吧。

　　2. 大人其实还有很多这类的"理"，做生活的有心人你就会发现它们，说一说，怎么才能捕捉到呢？

九 月

[俄罗斯] 托克玛科娃

夏天要走了，
秋天要来了。
太阳不再那样晒人，
它藏起来了。

小雨像刚上学的小孩，
还有点害怕，
歪歪斜斜，
在窗上乱画。

（王少生 译）

赏 析

告别了夏天的暑热，告别了长长的假期，告别了难忘的八月，我们来到了九月，来到了迷人的秋天。太阳已经不再那么晒人了，风也变得非常凉爽。九月，秋高气爽，天高云淡，九月也是开学的日子，很多小朋友又可以见到亲爱的老师和同学了，是不是特别开心？还记得你第一次走进学校时候的情景吗？就像在窗上乱画的雨点，有点紧张，有点害怕，还有点小小的激动，你想起来了吗？

诵与思

1. 九月是秋天的开始，你发现秋天和夏天有什么不一样吗？
2. 还记得你刚刚入学的情景吗？试着用诗的形式说一说。

多　少

[美国] 希尔弗斯坦

破旧的纱门能发出多少次声响？

得看你怎样使劲儿关它。

一块面包能分出多少片？

得看你怎样用心切它。

一天里能有多少欢欣和快乐？

得看你怎样去过。

朋友之间能有多少情谊？

得看你怎样无私地付出。

（李剑波 译）

赏　析

连续的问句，构成了诗歌的主体结构，从纱门、面包、欢欣和快乐来引出朋友之间的情谊，这些东西的多或少，取决于人怎样去做。这首诗想要表达的主题在最后：得看你怎样无私地付出。诗人用启发式的抒写来一点点铺陈，进而将主题引出，巧妙的构思是这首诗的成功之处，而对于中心的表达，诗歌也有着独到的抵达性，也就是以生活中的小事来反映较为深刻的命题。

诵与思

1. "破旧的纱门能发出多少次声响？得看你怎样使劲儿关它。"这是一个自问自答的设问句，仿照这样的句子也写两节诗。

2. 用这种"比兴"的手法写一首小哲理诗。

善　良

[比利时] 卡莱姆

要是苹果只有一个，
它准装不满大家的提篮。
要是苹果树只有一棵，
挂苹果的树杈准覆不满果园。
然而一个人，要是他把
心灵的善良分撒给大家，
那就到处都会有明丽的阳光，
就像甜甜的果儿挂满了果园！

（韦苇 译）

赏　析

　　理蕴的阐发，往往是一首诗歌最难把握的部分，其理解层次、内涵阐述，都将借助诗歌的方寸之地得以显示。儿童诗所面对的读者又是少年儿童，因此在理蕴的程度把握上更加考量作家的水平。卡莱姆的这首《善良》就是一首说理诗，但切入角度十分巧妙，它先从苹果和苹果树说起，然后引出心灵的善良，苹果和树太少就很难分享，而善良就像阳光一样，能够撒遍四方。因为是说道理，它的语言反而更通俗，接近日常口语，这是为了避免说理诗的晦涩，使它更亲切而有说服力。

诵与思

　　你也想写一首说理诗吗？首先要有自己的观点和主张，也就是要有思想，怎么才能有思想呢？

总得有人去擦星星

［美国］希尔弗斯坦

总得有人去擦星星，

它们看起来灰蒙蒙。

总得有人去擦星星，

因为那些八哥、海鸥和老鹰，

都抱怨星星又旧又生锈，

想要个新的我们没有。

所以还是带上水桶和抹布，

总得有人去擦星星。

（叶硕 译）

赏　析

　　夜空中有很多星星，有的很亮，有的朦胧，这是因为它们和地球的距离不同，但在诗人看来，那些灰蒙蒙的星星是蒙上了灰尘，如果有人去擦一擦，说不定又会熠熠生辉呢。至于如何上去，拿什么工具，怎么去擦，那是另一回事了。这首诗歌以一种奇绝的想象力为读者开辟了理解世界的另一个维度，葆有童真和纯美的想象。诙谐的语气也增加了这首诗的趣味，让这个充满诗意的想象更令人难忘。

诵与思

　　想要擦星星首先得接近它，怎么办呢？站在哪里擦呢？发挥你的想象力，写一首《擦星星》。

在黑暗中

［美国］希尔弗斯坦

我这几行诗，
是在狮子肚子里写的，
因为漆黑一片，
你们可能看不清我的字迹。

我生性好玩，
结果玩进了狮子肚子里，
这不，我这会儿只能在黑暗中写诗了，
这里不只是黑，还到处都湿叽叽。

（韦苇 译）

赏 析

　　儿童荒诞诗是将先锋荒诞诗与传统的儿童诗相结合的一种诗歌，意在激发儿童读者无限的想象力与创造力，其作品集荒诞、童趣、夸张等于一体，使儿童诗在原有的写作领域开辟出一条新的途径。

　　《在黑暗中》是一首有趣的荒诞诗。读诗之前，先来看看诗的题目——在黑暗中，你会想到什么？在黑暗中行走，还是点一盏灯，还是别的？读读诗吧，你会发现诗人与众不同的思维，他在黑暗中写诗。为什么这么黑呢？是天黑了吗？不是，那是因为"我"玩进狮子肚子里去了啊！所以不仅黑而且到处都是湿漉漉的，读了真让人感到惊奇，引发出读者的无限遐想。

诵与思

　　1.想一想，诗人怎么会跑进狮子的肚子里去写诗呢？他将怎么出来呢？

　　2.说一说，你会在黑暗中做什么呢？

星　星

［芬兰］索德格朗

当夜色降临，
我站在台阶上倾听；
星星蜂拥在花园里，
而我站在黑暗中。
听，一颗星星落地作响！
你别赤脚在这草地上散步，
我的花园到处是星星的碎片。

（石默　译）

赏析

这首诗短小而空灵，用一系列想象营造了一个神秘、迷人的意境。诗人凝视星空，由于过于专注而忘却了身边的事物，只感觉到星星"蜂拥"在花园里。当一颗流星划过夜空，诗人感觉自己仿佛听到了它砰然落地的声音。在这里，用耳朵听它落地比用眼睛看它的余光更让我们惊心。结尾延续了这个想象：我的花园到处是星星的碎片。

在描写星星的诗句中，我印象最深的还有特朗斯特罗默的《风暴》，其中有这么几句：在黑暗中醒着/能听见橡树上空的星宿/在厩中跺脚。多么新奇的想象，这是对以往感受力和想象力的拓展。

诵与思

我们的感受力会在阅读中提升，你有没有体会到这一点？在写作中，你是否也会有意发明更新奇的想象？

有个老头儿

[英国] 里亚

有个老头儿，胡子好长，

他说："我就怕事情是这样：

一只母鸡，两只猫头鹰，

三只鹡鸰，四只小百灵，

都在我的胡子里造楼房！"

（屠笛　屠岸 译）

赏　析

有一个老头儿，有着长长的胡子，他最怕什么呢？来看看哦！哈，原来怕一只母鸡，两只猫头鹰，三只鹡鸰，四只小百灵。怕它们做什么呢？哈，在老头儿的胡子里造楼房！小动物可以在胡子里造楼房，那胡子该有多长啊！再来读一读，你能想象出这个长胡子老头的表情吗？是不是有点无奈，有点滑稽？

诵与思

1. 想象一下，老爷爷的长胡子有过哪些有趣的、好玩的事情呢。

2. 老爷爷那长长的、长长的胡子可以做什么呢？发挥你的想象，看看谁的想象最新奇。

如果白昼落进……

［智利］聂鲁达

每个白昼
都要落进黑沉沉的夜
像有那么一口井
锁住了光明

必须坐在
黑洞洞的井口
要很有耐心
打捞掉落下去的光明

（陈光孚 译）

赏　析

白昼和黑夜，光明和黑暗，这有着强烈对比意味和象征况味的意象经常被深入阐释，但这首诗无疑是一个全新的角度。诗的第一节写昼和夜，白昼变成黑夜，就像井锁住了光明，于是白昼成为光明的象征。第二节写光明和黑暗的变化，人要"很有耐心"地"打捞"才行。从比喻到象征，诗人紧紧地抓住"井"这个媒介，使抽象的道理变得生动、形象。

诵与思

你见过井吗？说一说它还象征什么？如果我们的时光掉进去了，还能打捞上来吗？如果是你的童年，会打捞上来什么呢？

心

［日本］金子美铃

妈妈是个大人
老大，老大的
可是她的心，却很小很小
因为妈妈说，在她的心里
装进了一个小小的我
就再装不下任何东西

我还是个孩子
很小，很小的
可是我的心，却好大好大
因为在我的心里
装进了一个大大的妈妈
却还有很多很多的东西
要我去考虑

（飘飘 译）

赏　析

　　母爱是一个永恒的主题，这首写母爱的诗选择了一个巧妙的角度：比心。妈妈的心为什么小呢？因为她说，她心里只有"我"。"我"是个小孩子，为什么心却好大呢？因为"我"除了妈妈，还有好多东西要去考虑。妈妈的心真的比一个孩子的心小吗？当然不是，而是孩子在她心中的位置至高无上，别的一切都显得微不足道了。孩子并不能完全体会到这一点，因为他对这个世界的一切都充满好奇，正要去探寻它们的秘密……一首好的诗歌能够带来的情感共鸣，可以陪伴一个人一生的成长。

诵与思

想一想，你可以从什么新的角度来写母爱或父爱？

需要什么

［意大利］罗大里

做一张桌子，
需要木头；

木头从哪里来？
需要大树；

大树从哪里来？
需要种子；

种子从哪里来？
需要果实；

果实从哪里来？
需要花朵；

做一张桌子，
需要花一朵。

（任溶溶　译）

赏　析

　　诗歌的魔法就在能于平淡之中，变幻出星光一般美丽灿烂的思想和创意。而儿童的想象力，是人类宝贵的财富，他们随口一句天真的话，就可能是一句富含哲理和情感的诗句。诗人罗大里，1920年生于意大利，是20世纪最伟大的儿童文学作家之一。他一生为儿童写出大量作品，1970年被授予国际安徒生奖，这是世界儿童文学领域的最高奖项。《需要什么》运用儿童的逻辑和思维，连续展开简单的替换，就解开了世界美丽的奥秘，做一张桌子需要的是一朵花。

诵与思

　　做一张桌子，需要木头，然后需要大树……这样抽丝剥茧，最终需要一朵花。平时生活里有很多像桌子一样司空见惯，并没有很多美感的事物，但是如果我们去思考，它从哪里来，就会发现很多美丽的瞬间恰恰蕴含在身边的事物里。请举例说明，生活中哪些事物有着怎样美丽的来源。

世事沧桑话鸣鸟

［美国］沃伦

那只是一只鸟在晚上鸣叫，认不出是什么鸟，
当我从泉边取水回来，走过满是石头的牧场，
我站得那么静，头上的天空和水桶里的天空一样静。

多少年过去，多少地方多少脸都淡漠了，有的人已谢世，
而我站在远方，夜那么静，我终于肯定
我最怀念的，不是那些终将消逝的东西，而是鸟鸣时那种宁静。

（赵毅衡 译）

赏 析

　　这首诗歌意在阐释"追忆"，而作者却没有任何关于追忆的表述，只是借助曾经听到的鸟鸣来展开诗行。诗人将鸟鸣的记忆具象化了，曾经的场景历历在目，那种安静的意蕴伴随泉边取水回来的"我"一起重现。诗歌的第二节则借助了时间的特性，用"多少年过去"一句，将此时和彼时连接，很多地方和人都已经远去了，但是，我怀念的"鸟鸣时那种宁静"却依旧在脑海里盘旋。诗人用一首诗歌来为读者诠释追忆的意义，它可以很轻，可以没有故事，甚至可以只是一种感觉，但往往永远难忘。

诵与思

　　你最怀念的是什么呢？一个人？一件事？一个片刻？请你用文字描述出来。

嘎吱响的门

［以色列］阿米亥

嘎吱响的门
它想去哪里？

它想回家去
所以嘎吱响。

可它就在家！
但它想进屋。

成为一张桌
成为一张床。

（傅浩 译）

赏　析

　　一扇门为什么嘎吱响？也许它想像风那样去远处看看，也许它在和风说着不耐烦的话，而诗人认为它是想回家，想进到屋里，像桌子或床那样。那样有什么好呢？也许是更安稳、舒适，也许是更温暖、安全。当然，这首诗的内涵绝不仅仅在于此，诗歌结尾对于门想"成为一张桌/成为一张床"的表达，则更具深意，它指向了我们所有人对于现状的理解，大家总有一些对生活的不满或更多的要求，这恰恰就是生活本身。

诵与思

　　如果你想训练一下自己的想象力和编故事能力，可以对任何事情发问：葵花为什么向着太阳？丝瓜为什么要爬那么高？凳子为什么没有五条腿……挑一个有趣的写首诗。

有的时候

［美国］佐罗托夫

有的时候，没一个人爱我。
我只能把所有人的名字想一遍：

    我恨玛莎。

    我恨詹姆斯。

    我恨萨尔玛。

    我恨乔。

我认识的人，没一个爱我。

有的时候，所有的人都爱我。
我把所有的名字都想一遍：

    我爱玛莎。

    我爱詹姆斯。

    我爱萨尔玛。

    我爱乔。

我认识的人，全都爱我。

（思聪　心远　译）

赏 析

《有的时候》写出了孩子的矛盾心态：有的时候，觉得没有人爱自己，于是就把所有人的名字都想一遍，都恨一遍，因为认识的人中没人爱自己；有的时候，又觉得所有人都爱自己，于是又把这些认识的人的名字再统统想一遍，都爱一遍，因为觉得他们都是爱自己的。诗歌的巧妙之处在于这种重复的结构方式，并在一种矛盾的对比中昭示着一个真谛——爱和恨都在自己的一念之间，你爱所有人的时候，所有人也会爱你，反之亦然。当然，这是一首优秀的儿童诗，因此它不光指向儿童，也指向所有成人，在自我矛盾的情境之中，只要大胆地选择爱，那么一切都将美好起来。

诵与思

1. 想一想，你生活中有没有矛盾的时候？有时候很想干一件事情，有时候又觉得这件事情没有意义；有时候觉得晴天好，有时候又痛恨炎炎烈日。如果让你以诗歌的形式表达出来，你会怎么写呢？

2. 爱恨往往就在一念之间，仁者爱人，选择爱，就能收获被爱。和朋友一起读读这首诗，说说自己的感悟。

未走之路

［美国］弗罗斯特

金色的树林中有两条岔路，
可惜我不能沿着两条路行走；
我久久地站在那分岔的地方，
极目眺望其中一条路的尽头，
直到它转弯，消失在树林深处。

然后我毅然踏上了另一条路，
这条路也许更值得我向往，
因为它荒草丛生，人迹罕至；
不过说到其冷清与荒凉，
两条路几乎是一模一样。

那天早晨两条路都铺满落叶，
落叶上都没有被踩踏的痕迹。
唉，我把第一条路留给将来！
但我知道人世间阡陌纵横，
我不知将来能否再回到那里。

我将会一边叹息一边叙说，
在某个地方，在很久很久以后：

曾有两条小路在树林中分手，

我选择了一条人迹稀少的行走，

结果后来的一切都截然不同。

（曹明伦　译）

赏　析

这样的情景我们也遇到过，在一个分岔路口，该向哪边走呢？这正是人生境遇的一个象征，人生之路就是这样难以选择，而且一旦走出去，就再难返回重新走。我们无法判断哪个更正确，但一旦选择了，就不能后悔，只能认真地沿着那条路走好每一步。但是，我们是否都会犹豫不决呢？在大多数时候，我们的游移恰恰成为了前行的阻力。

这首诗采用象征的手法，用平实、沉郁的语调向我们讲述人生的这种际遇，满怀感慨。

诵与思

想一想，诗人选择的是一条怎样的路？为什么？

就我一个人的时候

［美国］爱·格林菲尔

就我一个人的时候，

闭起眼睛，

我真快活。

我是双胞胎，

我是小酒窝，

我是玩具仓库，

我是动人的歌儿，

我是吱吱叫的松鼠，

我是一面铜锣，

我是棕色的面包皮，

我是树枝变成了红色，

……

反正，

我想是什么，就是什么，

我愿做什么，就做什么。

可是，一睁开眼睛，

唉！

我还是我。

（王济民 译）

赏 析

你可以有很多种愿望，想象可以帮你实现一切，但它们毕竟只是想象。而通过想象来满足自己，不也是一种享受吗？可每次"梦醒时分"，又有一种遗憾突然袭来。

充满童趣是这首诗的主要特征，但它更具有严谨性，就那些愿望来说，都是精心的营设。双胞胎、小酒窝、玩具仓库、动人的歌儿、吱吱叫的松鼠、一面铜锣、棕色的面包皮、树枝变成了红色，这些事物属于不同的种类，虽然常见但写得有新奇感，使人并不觉得冗长或无趣。因为贴近生活，所以诗歌的现实意义更加明显。

诵与思

请描述一下自己的愿望，再想一下那些愿望是否曾被现实击破？

想想别人

［巴勒斯坦］达维什

当你做早餐时想想别人，
别忘了喂鸽子。
当你与人争斗时想想别人，
别忘了那些想要和平的人。
当你付水费单时想想别人，
想想那些只能从云中饮水的人。
当你回家，回你自己的家时，想想别人，
别忘了那些住在帐篷里的人。
当你入睡点数星辰的时候想想别人，
还有人没有地方睡觉。
当你用隐喻释放自己的时候想想别人，
那些丧失说话权利的人。
当你想到那些遥远的人们，
想想你自己，然后说：
"我希望自己是黑暗中的蜡烛。"

（曹疏影 译）

赏 析

　　"当你……想想别人"是这首诗的基本结构，诗人从做早餐和喂鸽子写起，写到争斗与和平、付水费单与干旱、有家和无家，最后发展到一件大事：说话和被剥夺了说话的权利。结尾对主题做了提升，呼吁大家做"黑暗中的蜡烛"。这就是我们能想想别人的结果，只有当大家都能想想别人，才能照亮更多的黑暗，争取到更多的光明。这是一首教谕诗，它从一件件小事讲起，却足以吸引和打动我们的心，起到教育作用。

诵与思

　　请你有感情地朗诵这首诗，并且思考黑暗中的蜡烛能够照亮哪些东西？

细长的家伙

［美国］狄金森

一个细长细长的家伙
偶然在青草丛里奔出。
你可能遇见过他，不是吗？
他的出现是那么急促。

像有把梳子梳开了青草，
一支斑驳的利箭露出来。
你脚下青草重新合拢，
又继续向前一路分开。

他喜欢沼泽地带，
不宜栽种麦子的冷坂田。
我还是赤脚孩子的时候，
曾经不止一次在午间——

想自己走过一条鞭梢，
在太阳底下如松散的发辫，
我弯下腰去要拾起他来，
他却一缩身窜走不见。

我认识大自然的一些子民，
他们对我也认识，
我总感到同他们交流着
一种内心的诚挚。

但是，不论结伴或独行
每次跟这个家伙相遇，
我总是觉得呼吸紧迫，
觉得骨头里冷到零度。

（屠岸 译）

赏　析

从开头到结尾，这首诗都没有告诉我们"细长的家伙"是什么，但我们都知道是蛇。诗人刚开始写对蛇的观感，异常细腻传神："像有把梳子梳开了青草，一支斑驳的利箭露出来。你脚下青草重新合拢，又继续向前一路分开。"

把蛇比喻成一支斑驳的利箭，为什么？这条蛇一定是有杂色花纹，而且像箭那样冰凉。第二次描写蛇是这样："想自己走过一条鞭梢，在太阳底下如松散的发辫，我弯下腰去要拾起他来，他却一缩身窜走不见。"诗人所写像鞭梢、松散的发辫，一个是指形状，一个是指花纹，而"一缩身窜走不见"是对动作的逼真描写。

诗人接下来写对蛇的感觉：虽然与大地的子民们十分亲近，但蛇总是令人觉得恐惧和意外，"觉得骨头里冷到零度"。

整首诗结合多种感官感受来叙写，作者将观察和想象寄寓其中，十分耐人寻味。

诵与思

　　　　我认识大自然的一些子民，

　　　　他们对我也认识，

　　　　我总感到同他们交流着

　　　　一种内心的诚挚。

仔细读上面这节诗，说一说，诗人对大自然有一种什么感情？为什么要写这节？

盲　孩

［英国］柯莱·西柏

你们说的"光"，是什么东西，
我永远不可能感觉出来；
你们能够"看"，是什么福气，
请告诉我这可怜的盲孩！

你们讲到了种种奇景，
你们说太阳光辉灿烂；
我感到他温暖，可他怎么能
把世界分出黑夜和白天？

这会儿我玩耍，待会儿我睡觉，
怎样分我的白天和夜晚；
假如我老是醒着，睡不着，
我觉得那就是白天没完。

我听见你们一次又一次
为我的不幸而叹息：唉……
可我完全能忍受这损失——
损失是什么我并不明白。

别让我永远得不到的东西
把我愉快的心情破坏；
我歌唱，我就是快乐君王，
尽管我是个可怜的盲孩。

（屠岸 译）

赏　析

盲孩的世界是什么样子的？这首诗用第一人称"我"描述了盲孩的生活和内心世界。他不知道什么是"光"，什么是"看"，因为他一出生就没有看过，没有见过。他没有黑夜和白天，因为眼前总是黑暗……但是，正因为这些都不知道，他也并不觉得自己的生活有多么痛苦，他希望大家不要为他叹息，别把他愉快的心情破坏。这是一个坚强、达观的盲孩，他接受命运的安排，同时让自己做一个"快乐君王"。

这也正是这首诗的可贵之处。它提醒我们关注残疾人，了解他们的生活。它让我们知道什么是勇敢和坚强、积极和乐观。

诵与思

生活中有很多不幸的人，也随时会发生一些不幸的事情，你关心过吗？

河　流

［日本］谷川俊太郎

妈妈
河流为什么在笑
因为太阳在逗它呀

妈妈
河流为什么在歌唱
因为云雀夸赞着它的浪声

妈妈
河水为什么冰凉
因为想起了曾被雪爱恋的日子

妈妈
河流多少岁了
总是和年轻的春天同岁

妈妈
河流为什么不休息
那是因为大海妈妈
等待着它的归程

（田原 译）

赏　析

　　这首诗是孩子和妈妈关于小河的对话，诗人抓住了河流的五个特征来写：笑、歌唱、凉、年岁长、不休息。如果单用这些特征来直接描写河流，就不如诗人这样用妈妈和孩子的对话来描写，为什么呢？因为更亲切、自然，容易打动人心。这种对话诗出彩的部分是回答，你看，这位妈妈是怎么回答孩子的每个问题的？她引出了太阳、云雀、雪、春天、大海妈妈，用一系列拟人手法为我们描绘了一幅幅美丽的景象。诗歌的主旨也在这样的表达中呼之欲出，因为爱，所以有了美。

诵与思

　　1. 想一想，要把对话诗写得精彩，应该怎么来用功？

　　2. 仿照这首诗的样子，再对妈妈提两个河流的问题，写两节诗。

小　树

［苏联］拉·法尔哈季

"小树，
　　你在我们园子
　　　　都做些什么？"

"春天的早晨
我往高处长，
长得高高！"

"那么晚上
　　你在我们园子
　　　　都做些什么？"

"晚上，我的叶子
都成了小手，
掌心把星星高高托着！"

（韦苇　译）

赏 析

　　孩子对园子里的小树产生兴趣，于是一问一答就成了一首漂亮的诗。这样的结构我们经常见到，但是有的问答平淡无味，并不能成为诗，这是为什么？请再仔细地看看这首诗吧。孩子和小树有一个共同点：都在成长，两个成长着的事物构成一个可爱的生机勃勃的画面。其次是问答的生动和形象：春天的早晨/我往高处长/长得高高。这是儿童化的语言，正符合小树和小孩的特征。"晚上，我的叶子/都成了小手/掌心把星星高高托着"，这既是比喻，又是拟人，把小树的天真烂漫一下子就写活了。灵动，是诗歌最大的特征，如果诗歌陷入僵硬的模式，则只是词语或句子的堆砌。

诵与思

　　请用一问一答的形式写一首诗。你可以选择星空，也可以选择田野，身边的事物都可以。

石头伸开四只脚

［俄罗斯］楚科夫斯基

两只青蛙到沼泽还有许多路哩，
两只青蛙到沼泽得费好大劲哩。

"瞧，路上有一块光光的石头，
咱们坐上一会儿，正好歇歇脚！"

两只青蛙朋友把包袱搁在石头上：
" 躺上一阵养养神，好不舒坦！"

突然石头伸开四只脚，
站起来把青蛙朋友载着跑。

他们吓得齐声大叫起来:
"这是什么?
这是乌龟！"

（韦苇 译）

赏 析

　　这是一首童话诗，诗人抓住乌龟的特点编了一个有趣的故事。诗名就紧紧吸引了我们。诗歌层层推进，将想象力调动到最大的程度，再在结尾解释这是乌龟，则让诗歌整体兴味盎然。趣味还表现在整首诗的语调上，你看第一节："两只青蛙到沼泽还有许多路哩，两只青蛙到沼泽得费好大劲哩。"这种表达非常接近儿童的口语，又有民谣的韵味，一下子把两只青蛙的形象推至我们面前：他们长途跋涉，已经很累了。接下来用对话的方式代替了作者的叙述，自然也是趣味十足。

诵与思

　　1. 突出主人公的形象对于童话诗很重要，直接叙述故事会变得呆板，这首诗是怎么做的？

　　2. 如果把第一节换成这样写：两只青蛙背着包袱/要到很远的沼泽去。你觉得怎么样？

给妈妈的第一封信

［捷克］塞弗尔特

我想好了：把信放在镜子上，

要不——放在针线筐里，

可是真糟糕，我这会儿还不知道：

该写些什么，从哪儿说起。

"亲爱的妈妈"

我含着笔头，

使劲地想啊想，

空白的大纸在等着我的诗行。

"今天是你的节日，我祝你——"

"你"字的头一个字母要大写。

瞧，我已经有了第二行！

快把下面的字写上。

"幸福"，"幸"字先写一小横，

"和健康"——可再往下，不会啦！

脑子里乱哄哄的，

小字儿歪歪斜斜，很不像样。

我把纸撕了，揉成一团。

妈妈正在摆弄擀面杖，

做着香喷喷的点心和面包，

我急中生智摆脱困境——

飞奔到妈妈身边，妈妈把我搂在怀里，
她用眼睛默默地询问我，
又用沾满面粉的双手，
把我从地上高高举起。

（星烂 劳白 译）

赏 析

"谁言寸草心，报得三春晖。"纪伯伦曾说，人的嘴唇所能发出
的最甜美的字眼，就是母亲，最美好的呼唤，就是"妈妈"。冰心在
诗集《繁星》和《春水》中不断唱响对母爱的赞歌。母爱，是诗歌里
一个永恒的主题。

用什么方式来表达对妈妈的爱呢？来，给妈妈写一封信吧！给
她一份惊喜，多好！可是……可是对于一个小孩子来讲，很多字写
不出来啊，怎么办呢？看着忙碌的妈妈，不如给妈妈一个拥抱吧！
爱的方式有很多，幸福的妈妈，你感受到孩子的爱了吗？

诵与思

1. 想一想，妈妈做过的哪件事情让你特别感动？

2. 写一写，用自己的方式给妈妈写一封信。

最难的单词

［德国］雷丁

最难的单词
不是
墨西哥的
山名
——波波加特帕托
不是
危地马拉的
地名
——乞乞加斯坦兰戈
不是
阿非利加的
城名
——阿瓦卡杜哥

最难的单词
对许多人来说
是：
谢谢

（柳箏 译）

赏 析

感恩是我们中华民族的优良传统，"滴水之恩，涌泉相报""吃水不忘挖井人""谁知盘中餐，粒粒皆辛苦"等等，都是感恩最好的诠释。

世界上有很多看起来容易的事情，做起来却有点困难，是不是？就像这首诗所说的，世界上最难的单词，却是读起来非常简单的"谢谢"。读完之后，会让我们有深深的思考，是啊！很多时候，我们是不是忘记了说谢谢？在得到别人帮助的时候，你说了吗？当太阳照亮了大地，你对太阳说谢谢了吗？当花儿把世界装点得明艳动人的时候，你说谢谢了吗？……试试看，多说一声谢谢，这个世界将会变得更加美好。

诵与思

1. 你最近说过"谢谢"吗？是对谁说的呢？

2. 诗人说，最难说出口的单词是"谢谢"，你觉得呢？

水城威尼斯

［意大利］罗大里

水面上一座古桥，
一个月亮在古桥上挂。

水面下一座古桥，
一个月亮挂在古桥下。

天上一眨一眨的是星星，
水下是星星一眨一眨。

你说，哪一座古桥是真？
你说，哪一个月亮是假？

（任溶溶 译）

赏 析

　　艺术是相通的，比如诗歌和音乐、绘画。苏轼曾评价王维的作品，说"味摩诘之诗，诗中有画；观摩诘之画，画中有诗"。诗中有画，画中藏诗，诗情画意，尽在其中。来读读这首诗，你一定能读出诗歌的画面美。看，诗人用诗行描绘了美丽的画面：月色皎洁的夜晚，站在古桥上，抬头看啊，天空中月儿皎洁，星星俏皮；低头看水面，水里有可爱的月儿，还有星星闪烁……天上人间似乎融为一体，恍惚之中，把我们带进了著名的水城威尼斯。你感受到了吗？

诵与思

1. 把你在诗中感受到的美景画下来。
2. 请了解一下，威尼斯为什么被称为水城？

冰冻的梦

〔美国〕希尔弗斯坦

我要把昨晚开心的梦
在冰箱里保存下来。
很远的将来，当我变成
一个老公公，须发全白，
我就取出我冰冻的梦，
把它加热，把它化开，
然后用它来焐我冰冻的脚，
温暖将会从脚趾传入心怀。

（韦苇 译）

赏 析

诗总是奇思异想的产物，联想让诗歌有了飞翔的翅膀。美国著名作家希尔弗斯坦的这首小诗，写了一个跟冰箱和梦想相关的事，深具可读性。既然冰箱可以保存很多东西，那么把开心的梦保存起来也就顺理成章啦！在诗中，开心的梦是温暖的，它可以将年老之后的"冰冻的脚"暖热，让温暖"从脚趾传入心怀"。看似信马由缰的联想，实则又都和一个"温暖"的主题相关，这就是诗歌的"收"与"放"。

诵与思

美好总是易逝，你一定也有很多东西想保存下来，仿照这首诗，也写一首《冰冻的××》。

奇妙的服装

[美国] 露西

好好瞧一瞧，
小企鹅多么爱漂亮呀，
它穿着晚礼服，
从来也不脱下。
每次遇到它，
你别想能猜透
它是正要出门呢？
还是刚回家？

（史济豪 译）

赏　析

每一种动物都有自己的样子，雄孔雀有五彩屏风一样的尾巴，老鹰有扇子一般的翅膀。那可爱的小企鹅呢？穿着漂亮的燕尾服，是不是很帅？可是……诗人有了疑问，企鹅企鹅，每次你穿戴得这样整齐，到底是正要出门，还是刚回来？读着这样的诗，你是不是觉得特别有趣，越读越有意思呢？

诵与思

1. 好可爱的小企鹅，请你画一只小企鹅。

2. 看着小企鹅，你还有什么问题要问它，试试看，用诗的形式写出来。

我不希望

［智利］米斯特拉尔

不，我不希望
我的女儿成为一只春燕。
她一旦飞上天空，
就不会回到我的身边；
她把巢筑到屋檐下，
我还怎么给她梳小辫……
不，我不希望
我的女儿成为一只春燕。

不，我不希望
我的女儿长成一个公主。
她穿上华贵的金丝鞋，
还怎么在草地上纵情嬉戏？
到了夜晚，
她不能再在我身旁安睡……
不，我不希望
我的女儿长成一个公主。

不，我不希望
我的女儿将来当上女皇。

她在鼓乐声中被拥上宝座，
可宫殿却不是我能去的地方，
夜晚她睡觉时，
我也不能把她轻轻地摇晃……
不，我不希望
我的女儿将来当上女皇。

（韦苇 译）

赏 析

可怜天下父母心。这是一首母亲写给女儿的诗，表达了天下父母对孩子的爱：不希望孩子成为春燕，因为会远走高飞；不希望孩子成为公主，因为不能在草地纵情嬉戏；不希望孩子成为女皇，因为高高在上，晚上睡觉的时候不能把她轻轻摇晃……那么，一个母亲希望自己的孩子成为一个什么样的人呢？对啊！就是能开开心心地在草地上游戏，能够常常出现在母亲的眼前，能够做一个快乐的孩子！母亲的希望里饱含着对子女浓浓的爱和深深的牵挂。再来读一读，你一定能读出这种爱。

诵与思

1. 长大之后，你想做什么呢？请跟你的爸爸妈妈说一说吧。

2. 说一说，你最快乐的事情是什么，最好和父母分享。

帆

［俄罗斯］莱蒙托夫

在那大海上淡蓝色的云雾里，
有一片孤帆在闪耀着白光！
它寻求着什么，在遥远的异地？
它抛下什么，在可爱的故乡？
波涛在汹涌——海风在呼啸，
桅杆在弓起了腰轧轧地作响。
唉，它不是在寻求什么幸福，
也不是逃避幸福而奔向他方！
下面是比蓝天还清澄的碧波，
上面是金黄色的灿烂的阳光，
不安的帆，却在祈求风暴，
仿佛是在风暴中才有宁静！

赏　析

　　帆一般象征着出海、出征，在这里被引申为一个寻求者。它不满足于安逸和享受，想要尽可能地去经历和冒险，以探求生活的真谛。因为它相信，幸福并不能带来更多东西，而经历风暴，承受磨砺才能找到平静和安宁。

　　这首诗采用象征手法，全篇使用"帆"这个形象来象征人。诗语高亢激昂，接连使用了两个问号，全篇使用了三个感叹号，情感跌宕起伏，真切而强烈。而"不安的帆，却在祈求风暴"一句，则更是画龙点睛之笔，让整首诗的叙述达到一个高潮，即对未知和挑战的向往。

诵与思

1. 认真读这首诗，看看它怎么表达强烈的感情？

2. 这片孤帆在海上是什么情形？为什么说"风暴中才有宁静"？

我要把自己寄给你

［美国］格思里

我要把自己包在纸里，
再用胶水涂遍我的身体，
头上还要多贴些邮票。
我要把自己——寄给你！
扎上红红的绳子，
系上蓝蓝的缎带，
爬进我那小小的信箱，
我要把自己寄给你。
你打开信箱一看——发现我在那里，
立刻剪断绳子先让我喘口气，
把我手上的胶水洗掉，
还在我嘴里塞上几块泡泡糖，
啊——真是甜如蜜！
你把我从纸筒里拖出来，
又把我贴满邮票的脑袋洗了又洗。
给我慢慢倒了一杯冰淇淋苏打水，
最后把我放进温暖的被窝里。
我要把自己包在纸里，
再用胶水涂遍我的身体，
头上还要多贴些邮票，
我要把自己——寄给你！

赏　析

　　"烽火连三月，家书抵万金。"一封书信，往往寄托了无限的思念与牵挂。你寄过信吗？我寄过，给朋友寄过书，寄过好吃的，寄过贺年卡……可是，诗人的想法就是让人感到惊奇，把自己寄给"你"，多么有趣的想法啊！怎么寄呢？把胶水涂满全身，头上多贴邮票，扎上红红的绳子，系上蓝蓝的缎带，爬进那小小的信箱，于是，"我"就可以飞到"你"的身边。当"你"看到"我"的时候，怎么办呢？给"我"清洗干净，倒一杯冰淇淋苏打水，最后把"我"放进温暖的被窝里。多么令人神往啊！把自己寄出去，虽然不太现实，但是，我们读起诗来，却能感受到一种别样的温暖。

诵与思

1. 给你的好朋友写一封信，让他感受到你的情意。
2. 把这首诗读给你的朋友听，你的朋友一定会很感动。

夏季，冬天住在哪里

［拉脱维亚］瓦采吉斯

夏季，冬天就钻进了衣橱，
爬上了衣架。
皮帽，绒衫，
还有手套和它们在一起。

夏季，冬天就躲进了贮藏室，
那里，它和滑冰鞋，
和雪橇、滑雪板，
安静地睡在一堆。

夏季，它住进了冷饮店，
和它做伴的有冰糕，
还有巧克力冰淇淋。
等到雪花又飞，
冬天抖抖身子，
从衣橱里走出来，
于是夏天躲进贮藏室。

夏天会不会躲进冷饮店？
这我们可就不知道了——
冬天，冷饮店锁着门。

（韦苇 译）

赏　析

　　夏天好热，太阳炙烤着大地，连风都带着热气，打着旋儿，把我们一把裹进热浪里，逃也逃不掉。在夏天里，你会想起冬天吗？想起冷冷的风，想起冰冰的雪，想到这一切，是不是觉得冬天是多么美好啊！可是，夏天到来的时候，冬天住在哪里呢？让我们跟着诗人一起去找找看，原来钻进衣橱了！冬天里的棉衣棉裤，那些雪橇滑雪板，都藏进了贮藏室。哦，原来冬天躲在了这里！可是，冬天到来的时候，夏天又在哪里呢？藏在贮藏室还是冷饮店？

诵与思

　　1. 在你眼中，夏天里，冬天住在哪里？

　　2. 一年四季当中，你最喜欢哪个季节呢？留在脑中最美的画面你能说出来，或者画出来吗？

当你苦着脸

［法国］博斯凯

当你苦着脸，

鲜花就垂下了花瓣。

当你苦着脸，

秋千就不再飞荡。

当你苦着脸，

青草就长刺，会咬人……

我的小家伙，

晴朗的天空万里无云，

而你却苦着一张脸，

瞧，春天也布满阴云，

瞧，连大树

也垂头丧气走出了花园，

小树们

也跟着大树走了，

全都走完……

怎么才能让它们都回来？

小家伙，你对它们笑笑吧，

你一笑，所有的花儿又会鲜艳，

草儿又会变得柔软，

走了的大树就会回来，

小树也都会跟着回到花园，

秋千又会重新飞荡起来，

荡呀，荡呀，荡上蓝天。

（韦苇 译）

赏 析

这真是一首温暖的诗！读一读，你会读出许多感动。看啊！一个孩子对于一个家庭来讲是多么重要。在父母眼中，孩子苦着脸，天地都变了，鲜花不再绽放，小树大树们都离家出走了！可是，当孩子扬起眉眼轻轻一笑，花园就一切依旧了，花儿在开，草儿柔软，树们也依旧回到花园，就连秋千都会随着孩子的笑声重新飘荡……所以，亲爱的朋友，你知道吗？你的笑是可以把这个世界照亮的。用微笑面对生活，你一定会有不期而遇的惊喜。

诵与思

1. 你有过烦恼的时候吗？说说看，你最烦恼的时候喜欢做什么？

2. 当孩子扬起脸微笑的时候，整个世界都不一样的，你能把这情景画出来吗？

我要生起气来

［捷克］奈兹瓦尔

我要生起气来，

就一个人到非洲去。

我有一具木马，

我骑着它远远地跑掉。

在非洲，饿了我吃橙子。

妈妈，爸爸，奶奶，姥姥，

我一个也不想念，

要是我心里不好受，

我也不会哭，不会伤心。

非洲有许多蝴蝶，

它们一天高高兴兴的，

它们会飞到我头上来，

给我讲各种各样的故事，

那声音像梦，轻轻的。

（韦苇 译）

赏 析

苏东坡在《水调歌头》这首词里写道，"人有悲欢离合，月有阴晴圆缺，此事古难全"。每个人都有高兴和悲伤的时候，高兴的时候会笑、会叫……那生气的时候呢？看看诗中怎么说，"我"要生起气来，就骑着木马到非洲去。多么绝妙的主意啊，是不是？在那里，"我"谁也不会想念，饿了有吃的，还有蝴蝶，多么美妙。我们来猜猜，诗中的"非洲"是哪里？是屋子后面，还是小花园呢？读一读，想一想，你一定会感到很有趣！

诵与思

1. 说一说，你觉得最快乐的事情是什么？
2. 当你生气的时候，你会怎么做呢？

我自己的真正的家族

［英国］泰德·休斯

有一次我悄悄进入橡树林——我寻找一头鹿。

我遇见个老太婆——一身疙瘩的枯柴棒加破布。

她说："你的秘密在我的小口袋里，我全有数。"

于是，她开始咯咯笑，我开始发抖。

她打开她的小口袋，我一而再地意识到——

一群人在围着我看，我在木桩上被捆牢。

他们说："我们是橡树，是你真正的家族成员。

我们被砍倒，被撕裂，你连眼睛也不眨一眨。

你现在就将死去，除非你答应一个条件，

每见到一株橡树被砍倒，你得发誓栽两株。

你若不发誓，黑色起皱的橡树皮会把你裹住，

让你植根在橡林中，你出生在这儿却永远不发育。"

这是我在树枝下做的梦，这梦改变了我。

我走出橡树林，回到人间伙伴的居处，

我走路像人类的孩子，我的心却成了一株树。

（屠岸 译）

赏　析

　　"我走路像人类的孩子，我的心却成了一株树"，读了这样的诗句，你会想到什么呢？再来读诗题——我自己的真正的家族，"我"到底是谁呢？是人，还是树？想一想，你会发现原来"我"经历了一次奇怪的梦境，改变了"我"的思想和"我"的心。那是一个怎样的梦境呢？顿时，你会觉得非常紧张，却让我们有了某种启发。是啊，不要再乱砍滥伐了，砍一棵树，必须栽两棵树。人和树都是一家啊，只有一个地球，只有一个家，让我们一起努力，植树造林，爱护家园吧！

诵与思

　　为什么说"我走路像人类的孩子，我的心却成了一株树"？

我 在 长

［苏联］巴尔托

从前不知道，我在长，一直在长，时时刻刻

都在长。坐在凳子上，我在长；

迈步进课堂，我在长。

瞅着玻璃窗，我在长；坐在电影院，我在长。

无论白天和黑夜，我每时每刻都在长。

学校里，进行大扫除，我一边扫地，一边长。

捧着一本书，坐在沙发上，我一边读书，一边长。

我和我爸爸，站在大桥上，爸爸不长，可我在长。

给我的分数，不怎么样，差点儿没有哭一场，

可我还是照样长。

下雨的时候长，寒冷的冬天长，使劲地长，不断地长。

我每时每刻都在长。

（谷羽 译）

赏　析

读着这首诗，你是否读出了旺盛的生命力。在微风中，在细雨里，在阳光下，在学校，在家里，小朋友就像春笋一般，就像小树一样，正蹭蹭地往上长，多么令人欣喜的事情啊！看啊，不管在哪里，不管什么时候，小朋友都在长长长，你读出诗中快乐的情绪了吗？成长快乐，愿你快乐！

诵与思

1. 当你发现自己在不断长高的时候，你能说出你的心情吗？

2. 成长真是一件快乐的事情，想想生活中还有什么事情让你感到快活呢？

进城怎么走法

[加拿大] 丹尼斯·李

进城怎么走法？

左脚提起，

右脚放下。

右脚提起，

左脚放下。

进城就是这么个走法。

（任溶溶 译）

赏　析

　　这是一首哲理诗。哲理诗旨在表现诗人的哲学观点，反映生活道理。这种诗内容深沉、含蓄、隽永，多将哲学的抽象哲理含蕴于鲜明的艺术形象之中，篇幅短小精悍，古代大都是四句的绝句，新诗则一至四句均有出现。

　　这首哲理诗只有短短的六行，讲述了一件简简单单的事情，却阐释了一个深刻的道理。进城就是这样："左脚提起，右脚放下。右脚提起，左脚放下。"进城如此，做其他事情不也这样吗？做任何事情都必须这样，一步一步，脚踏实地，才能有收获。短短的诗，让人读完之后微微一笑，却又若有所思，这就是童诗中浅语的艺术。你读出诗的味道了吗？

诵与思

　　1.《老子》当中有一句话说"千里之行，始于足下"，和这首诗比较一下，你有怎样的发现？

　　2. 读了这首诗，你有什么启发呢？

火　车

［德国］费·迈克

火车的
那些细心的轮子
勤奋地把绿色的
（或褐色的、或白色的）
风景织到一块
就像缝纫机
在缝布

（方维规　译）

赏　析

　　你见过火车轰隆轰隆奔驰吗？大轮子转起来，咔嚓咔嚓，是不是特别有趣？诗人创造了一种新颖巧妙的构思模式，形成了别具一格的表达效果。读过诗后，你会发现诗人的感觉真的很特别——火车像缝纫机把铁路两边的风景缝合在一起，那长长的铁轨就成了好看的花边，真是神来之笔。读一读，想一想，感悟诗歌想象的魅力。

诵与思

　　1.看着火车开过，轰隆轰隆，留下长长的铁轨，你会想到什么呢？

　　2.你见过缝纫机吗？问问妈妈，或者找找资料，了解一下缝纫机是怎么工作的。

捉月亮的网

我做了一个捉月亮的网，
今晚就要外出捕猎。
我要飞跑着把它抛向夜空，
一定要套住那轮巨大的明月。

第二天，假如天上不见了月亮，
你完全可以这样想：
我已捕到了我的猎物，
把它装进了捉月亮的网。

万一月亮还在天上发光，
不妨瞧瞧下面，你会看清，
我正在天空自在地打着秋千，
网里的猎物却是个星星。

（李剑波 译）

赏 析

　　月亮，是诗词里一个永恒的意象。晚上，圆圆的月亮挂在天上，你会想到什么呢？月亮里真的住着嫦娥吗？桂花酒好喝吗？等等。你有没有想过，做一个捞月网，专门来把月亮打捞？来读读这首诗，一定会让你脑洞大开。看着天上的月亮，想要捞起来放进"我"的网中，多么大胆的想象啊！明天如果天上不见了月亮，那是因为被"我"捞走了。如果月亮还在天上，你一定会发现，"我"坐在月亮下面荡秋千，"我"的收获呢，是一颗亮亮的星星。怎么样，不错吧！读一读，来体会诗人非凡的想象吧！

诵与思

　　1. 天空中有一个圆圆的月亮，让你想到了什么？

　　2. 夜空里，那一闪一闪的是小星星哦，亮亮的、小小的星星会让你有怎样的想象呢？

自1979年3月

[瑞典] 特朗斯特罗默

厌倦了所有带来词的人，词并不是语言

我走到那白雪覆盖的岛屿。

荒野没有词。

空白之页向四面八方展开！

我发现鹿的偶蹄在白雪上的印迹。

是语言而不是词。

（北岛 译）

赏 析

　　抽象、象征、意在言外——优秀的诗歌有一种非凡的魅力，就是用一种营设好的意境去开拓读者的想象力，进而达到一个启发甚至启蒙的目的。特朗斯特罗默的《自1979年3月》便是这样一首深具启发性的诗歌。这首诗歌中，"词""语言"是一个对子，诗人用尽全力去阐释它们的不同，从"厌倦"可以看出，诗人不喜欢"词"，而崇尚"语言"。一个巧妙的比喻就此而生，白雪覆盖的岛屿——那荒野是没有词的，有的只是空白之页，而鹿蹄的脚印，是语言，不是词。显然，诗人在说明，极其令人感动的，是那种连续的深一脚浅一脚的曲折前行，那是对生命态度的一种阐发，而非白雪上的一个点，所有粗糙的定论令人乏味且厌恶。

诵与思

　　1. 你喜欢句子还是词？请你说明你的理由。

　　2. 请你思考，诗人为什么说鹿的蹄印是语言？既然是语言，它们表达了什么？

草　原

［日本］金子美铃

露水晶莹的草原上
如果光着脚走过，
脚一定会染得绿绿的吧。
一定会沾上青草的味道吧。

如果这样走啊走
直到变成一棵草，
我的脸蛋儿，会变成
一朵美丽的花儿开放吧。

（吴菲　译）

赏　析

　　金子美铃是活跃于20世纪20年代的日本童谣诗人，她善于在诗中用儿童最自然的状态来体验、感觉这个世界。她一生坎坷，人们常说，越了解金子美铃的身世，就越惊叹她写出了这样的诗。她用短暂的生命，为我们留下了永恒的诗歌。

　　品读这首诗，光着脚走过露水晶莹的草原，那是一种什么样的感觉，会有什么样的奇遇呢？会看到一只小蚂蚁，还是会有一只小蝴蝶飞过呢？或者，看太阳怎样慢慢地爬过我们的头顶，看风怎么一点点吹乱自己的头发……读读这首诗吧，想象自己在草原上奔跑，会变成一棵草，小小的脸蛋会变成一朵美丽的花，那是怎样的美好啊！边读边想，一起来体会诗中的画面吧！

诵与思

　　1. 在草原上你最喜欢做什么，说说你最难忘的回忆。

　　2. 一年四季的草原是不一样的，说一说，看着茫茫的草原，你会想到什么呢？

巴喳巴喳

［英国］里弗茨

穿上大皮靴在林子里走，
巴喳巴喳！

"笃笃"听见这声音，
就一下躲到了树枝间。

"吱吱"一下蹿上了松树，
"嘣嘣"一下钻进了密林。

"叽叽"嘟一下飞进绿叶中，
"沙沙"哧一下溜进了树洞。

全都悄没声儿蹲在看不见的地方，
直盯盯地看着"巴喳巴喳"越走越远。

（韦苇 译）

赏　析

儿童诗除了词语要准确恰当外，诗的节奏还应具有音乐性，即诗的音韵要有美感效应。美学专家朱光潜先生说："情感的最直接的表现是声音节奏，而文学意义反在其次。文学意义所不能表现的情调常可以用声音节奏表现出来。"

这是一首关于声音的诗，你听，随着猎人的脚步声"巴喳巴喳"越来越近，安静的森林变得躁动起来。让我们跟着诗句玩一个声音的游戏，请来猜一猜，这些"笃笃""吱吱""嘣嘣""叽叽""沙沙"是谁？它们听到巴喳巴喳的声音之后，是怎样的表情和心情，多么好玩啊！再来读一读，感受一下这些声音的奇妙，以及给诗歌带来的独特的节奏之美。

诵与思

1. 试着把诗中的声音换成动物的名称，再来读一读，感受一下，哪种语言表达更有趣。

2. 和几个小伙伴一起来演一演，要注意表现小动物们在猎人脚步越来越近和越来越远之时的不同心情。

小语诗一束

[印度]泰戈尔

1

鸟翼上系上了黄金，

这鸟便永不能再在天上翱翔了。

2

月儿把她的光明遍照在天上，

却留着她的黑斑给她自己。

（郑振铎 译）

赏 析

　　这是一组非常有哲理的诗，浅浅几行却蕴意深厚，给了我们无尽的启迪。让我们边读边想：鸟翼上系上了黄金，就飞不上蓝天了。是啊，这个黄金会是什么呢？是荣誉，是地位，还是……也许只有放下，才能自由飞翔。鸟如此，人不也是这样吗？我们看到月亮，只欣赏她的光明，可曾看过她的黑斑？外表光鲜的背后，是不为人所知的艰苦卓绝的付出和成长。认真多读几遍，体悟诗歌中的深刻哲理。

诵与思

1. 鸟儿在天上自由自在地飞翔，你会想到什么呢？
2. 月亮的光斑，月亮的变化，给了你怎样的启示呢？

要造就一片草原

［美国］狄金森

要造就一片草原，
只需一株苜蓿一只蜂，
一株苜蓿，一只蜂，
再加上白日梦。

有白日梦也就够了，
如果找不到蜂。

（江枫 译）

赏　析

　　在读诗之前，我们都来想一想，要造就一片草原，需要什么？草种子，花种子，成群的牛羊，还有牧民……可是，诗人却给了我们一个石破天惊的答案——有白日梦也就够了！让我们哑然一笑却又若有所思，是啊，有白日梦就够了，多么绝妙的主意啊！只要还有梦，一切都可能实现，是不是？这就是梦想的力量。有了梦想，为梦想付出汗水与努力，就有可能让梦想变成现实。

诵与思

1. 想象一下，你纵马草原上，会有什么样的感受？
2. 每个人都有自己的白日梦，你的梦又是什么呢？

用绳子牵着的月亮

［意大利］罗大里

我聪明的小宝宝，
月亮和你真要好：
你走，
它也走，
你停下，
它也停下，
它在上面真听话。
它是你用绳子牵着的
一只小白狗，
它是你用线牵着的
一个小气球：
你睡的时候把它拴在枕头边，
月亮一夜之中，
悬在你的小床上空。

（任溶溶 译）

赏 析

　　月亮走，你也走；你停下来，月亮也会停下来……走在月光下，看着天上的月亮，你是否有过各种奇妙的感受？月亮就像一只小白狗，也像一个小小的气球，乖乖的，跟着你，围着你，整整一夜都会守着你，看着你。多么可爱的月亮啊，就像用绳子拴住了，跟你一刻都不分离。再来读读，感悟诗歌的盎然童趣。

诵与思

　　1. 跟着你走的月亮，让你想到了什么呢？说说看，也可以写下来哦！

　　2. 睡觉之前，在你的枕头旁有着怎样的故事呢？编一编，说一说。

开满鲜花的头

［意大利］罗大里

如果头上不长头发，
种满鲜花该是怎样的景象？
一眼就可以看出，
谁心地善良，谁心情悲伤。
前额长着一束玫瑰花的人，
不会做坏事。
头上长着沉默的紫罗兰的人，
有点儿黑色幽默。
顶着一头零乱的大荨麻的人呢？
一定思维混乱，
每天早晨徒劳地
浪费一瓶或两瓶头油。

（任溶溶 译）

赏　析

　　"如果"是一个绝妙的词语。有了"如果"，一切稀奇古怪的想法都可以成立，就像这首诗以"如果头上不长头发"开头，开篇就让我们感受到了想象的奇妙，头上开鲜花，真令人惊叹！沿着这个新奇的想法想下去，不同的花朵开在不同的人头上，从鲜花来看一个人的性格，是不是特别有趣！特别是思维混乱的人，一想到头上顶着零乱的大荨麻，真让人忍俊不禁！

诵与思

　　1. 如果头上开满鲜花，你觉得你头上会开什么花，为什么？

　　2. 头上不开花，还会长什么呢？用上"如果"这个有趣的词，看看你会有什么样的有趣想法。

猎　人

在松林上，
四只鸽子在空中飞翔。

四只鸽子
在盘旋，在飞翔。
掉下四个影子，
都受了伤。

在松林里，
四只鸽子躺在地上。

（戴望舒 译）

赏　析

　　读着诗行，我们好像看到了几个画面。松林里，鸽子在空中飞翔，自由自在，天真烂漫；紧跟着，鸽子受伤了，在挣扎，在盘旋；最后呢，鸽子都躺在了地上……到底发生了什么？看看诗题就知道了，是猎人！诗人看似平静的笔触，其实饱含悲情，你读出来了吗？于无声处听惊雷，诗歌越克制，对猎人的控诉和谴责就越强烈。再来读读，你一定可以感受到诗人的心情，愤怒而忧伤。

诵与思

1. 想象一下，如果你是鸽子，在天空中飞翔会有怎样的快乐？

2. 你想对诗中的猎人说什么呢？

对星星的诺言

［智利］米斯特拉尔

星星睁着小眼睛，
挂在黑丝绒上亮晶晶，
你们从上往下望
    看我可纯真？

星星睁着小眼睛，
嵌在宁谧的天空闪闪亮，
你们在高处
    说我可善良？

星星睁着小眼睛，
睫毛眨个不止，
你们为什么有这么多的颜色，
    有蓝，有红，还有紫？

好奇的小眼睛，
彻夜睁着不睡眠，
玫瑰色的黎明
为什么要抹掉你们？

星星的小眼睛，

洒下泪滴或露珠。

你们在上面抖个不停，

是不是因为寒冷？

星星的小眼睛，

我向你们保证：

你们瞅着我，

我永远、永远纯真。

（王永年 译）

赏 析

　　"一闪一闪亮晶晶，满天都是小星星。挂在天空放光明，好像千万小眼睛。"漆黑的夜里，一抬头就可以看见明亮的星星，挂在夜空中，似乎在向"我"询问，是否纯真，是否善良？朗朗夜空下，"我"对星星许下诺言，要永远善良，永远纯真。看起来是向星星承诺，其实又何尝不是诗人自己的心灵独白，不管何时何地，都要保持一份纯真、一份善良，多么让人感动啊！

诵与思

1. 夜空下，小星星们眨着眼睛，让你想到了什么呢？

2. 诗人对星星许下诺言——永远纯真，你会许下怎样的诺言呢？

祖 国 土

[苏联] 阿赫玛托娃

我们在它身上患病、吃苦、受难，

也从来不把它挂念。

是啊，对于我们来说，它是套鞋上的土，

是啊，对于我们来说，它是牙齿间的沙，

我们踩它、嚼它、践踏它，

什么东西也不能把它混杂。

可是，当我们躺在它的怀抱里，我们就变成了它，

因此，我们才如此自然地把它称为自己的家。

（乌兰汗 译）

赏 析

祖国是诗歌创作中永不过时的主题，土地是祖国最基本、最常见的实物。阿赫玛托娃的这首《祖国土》，从"我们"的角度出发，来思考自身和祖国土的关系。"我们在它身上患病、吃苦、受难"，"我们踩它、嚼它、践踏它"，却很少挂念它，只有"当我们躺在它的怀抱里，我们就变成了它"，"我们才如此自然地把它称为自己的家"。通过不断变换视角写出祖国土与"我们"的关系，结尾处令人深思。

诵与思

请反复朗诵这首诗，并思考祖国土与你的关系。

萤 火 虫

［印度］泰戈尔

小小流萤，

在树林里，在黑沉沉暮色里，

你多么快乐地展开你的翅膀！

你在欢乐中倾注了你的心。

你不是太阳，你不是月亮，

难道你的乐趣就少了几分？

你完成了你的生存，

你点亮了你自己的灯；

你所有的都是你自己的，

你对谁也不负债蒙恩；

你仅仅服从了你内在的力量。

你冲破了黑暗的束缚，

你微小，但你并不渺小，

因为宇宙间一切光芒，

都是你的亲人。

（吴岩 译）

赏 析

"没有卑下的基础则无以立高",在日常生活中,我们看到的不光有高大伟岸的事物,还有微小精致的生灵。泰戈尔的《萤火虫》,句句表现了对萤火虫虽小但不自卑的赞美。诗歌结尾"你微小,但你并不渺小,因为宇宙间一切光芒,都是你的亲人",更是进一步升华诗的主题,使读者的思绪不光停留在微小的萤火虫上。好诗就是这样,明明在写具体的小事物,但带给人的感触却不仅仅局限于所见,而是涉及宇宙间的一切光芒。

诵与思

1. 请结合你的生活实际想想,你身边有小小的"萤火虫"吗?

2. 如果你的身边也有"萤火虫",你会跟诗人一样,认为他们微小而不渺小吗?试阐释你的理由。

请您听

［塞尔维亚］马克西莫维奇

随便什么时候，
请您到树林里听听鸟儿的歌唱。

听听它们的呼唤，
听听它们的欢闹和喧嚷，
您觉得那不是鸟儿在唱歌，
而是锤子和镐头叮当作响。
声音动听，节奏分明，
仿佛枝叶间藏着精明的铁匠。
您还会觉得是一些人在辛苦地劳作，
经营的活计千式百样，
他们紧张地忙忙碌碌，
为鸟儿在窝巢里制作精小的门窗，
又好像花大姐扇动金色的双翼嗡嗡起舞，
也犹如为仙女的骑兵换钉新掌。
您甚至还以为有人在制作小巧玲珑的金属玩意儿，
或是小公鹿的长角梆梆相撞。

随便什么时候，
请您到树林里听听鸟儿的歌唱。

（郑恩波 译）

赏 析

我们生来就有一张嘴巴，却有两只耳朵，可见学会聆听比学会表达更重要。但我们真的重视自己的听觉能力了吗？在繁杂的生活中，我们还会用心听听好听的声音吗？比如鸟儿的歌唱，恐怕没有多少人听。所以，马克西莫维奇的《请您听》正是在呼吁：我们要善于聆听。诗歌角度新颖，一反鸟鸣即单纯的唱歌的调子，在诗人的笔下，鸟儿也是有生活的，是辛苦劳作的。"随便什么时候，请您到树林里听听鸟儿的歌唱"，诗歌首尾两次重复，起到强调作用。

诵与思

1. 请你有空也多去树林里听听鸟儿的歌唱，想想它们的歌唱还有可能是什么？

2. 试模仿《请您听》，写一写你发现的鸟儿的歌唱情景。

神奇的书

［美国］狄金森

没有一艘非凡的战舰，
能像一册书，
把我们带到浩瀚的天地。

没有一匹神奇的骏马，
能像一首诗，
带我们领略人世的真谛。

即令你一贫如洗，
也没有任何栅栏能阻挡
你在书的王国遨游的步履。

多么质朴无华的车骑！
可是它装载了
人类灵魂的全部美丽！

（龙芳元 译）

赏 析

　　书是最廉价也最宝贵的食粮，只要你愿意进入书的王国，哪怕你一贫如洗，也没有任何阻挡你的栅栏。狄金森的这首小诗，开头就用两个"没有"，写书胜过"非凡的战舰"和"神奇的骏马"，一册书、一首诗竟有如此大的力量，多么神奇啊！后面缓缓道出缘由，因为它们虽然质朴无华，却装载了"人类灵魂的全部美丽"。书是神奇的，书的世界是广阔的，蕴含真谛，我们的生活少不了多读书。

诵与思

　　1. 你喜欢读书吗？喜欢读哪些书？

　　2. 联系你的阅读经历，说说为什么书是车骑，装载了人类灵魂的全部美丽。

怎么去奶奶家

［美国］弗娜·萨夫兰

我们怎么去奶奶家？
　是骑自行车
　　还是坐火车
　　　或者乘公交车
　　　　还是坐飞机？

当然了，要是我们生活在很久很久以前
　我们就会骑着驴或者马
　　去看望奶奶

要是我们生活在未来
　我们就可以坐火箭去
　　顺便在我们的太空服口袋里
　　　装一颗星星送给奶奶

怎么去奶奶家？
　我们还可以坐轿车去
　　不过我们还是走着去吧
　　　奶奶就住在
　　　　马路那头的
　　　　　另一个街区里

（张宏 译）

赏 析

弗娜·萨夫兰的《怎么去奶奶家》，写了孩子眼中值得去思考的问题：怎么去奶奶家？第一小节就写出了小主人公的纠结，不知道选择什么样的方式去奶奶家。紧接着，小主人公开始幻想"要是我们生活在很久很久以前"，或者"要是我们生活在未来"，那么就可以骑驴、骑马、坐火箭去奶奶家。当我们也跟着小主人公去考虑怎么去奶奶家时，他却说要走着去，因为"奶奶就住在/马路那头的/另一个街区里"，让人忍俊不禁。这就是儿童的视角，他们会在大人们不需琢磨的事情上多想想。

诵与思

1. 请有感情地反复朗诵这首小诗。
2. 说说这首小诗的趣味性。

小　象

送两只鞋给小象，
象叼起来望了望，
说是太小，
它穿不上，
一对不够，
得给两双。

(任溶溶　译)

赏　析

小象的脚四季都是光着的，于是想要"送两只鞋给小象"。可小象的脚并不小，所以，它说"太小"，还说"一对不够，得给两双"。多么富有爱心和友好之心啊！能这样体贴小象，和小象亲密交流的除了儿童还有谁？在儿童的眼中，所有的生物都跟自己一样，有着共同的需求，正如小象也需要穿鞋。儿童能同大人们无法交流的对象交流，他们是有仁爱之心的，是最有想象力的。能给小象送鞋子，自然能跟大自然友好相处。

诵与思

你觉得小象需要鞋子吗？如果需要，试着写出或画出你认为适合小象的鞋子。

鱼儿睡在哪里

［俄罗斯］托克玛科娃

夜里很黑。夜里静悄悄。
鱼儿，鱼儿，你在哪里睡觉？

狐狸往洞里躲。
狗钻进了自己的窝。

松鼠溜进了树洞。
老鼠溜进了地洞。

可是，河里，水面，
哪儿也找不到你的身影。

黑咕隆咚的，静悄悄的，
鱼儿，鱼儿，你睡在哪里？

（韦苇 译）

赏　析

　　孩子的眼睛，是善于观察的眼睛；孩子的心灵，是好奇的心灵。《鱼儿睡在哪里》就表现了一个孩子对于世界，对于世界上所有生灵的热切关心。"鱼儿，鱼儿，你在哪里睡觉"，这一成人世界里毫无价值的问题在孩子那里变得意义重大，诗中的这双小眼睛观察了他能看到的所有大自然，看到不同的动物回到了自己不同的家。这一过程的描述，一方面为孩子们展现了一个生动多姿的自然世界，一方面又激发了孩子们对于世界的探索意识。尤其在诗歌最后，一个问号留给读者小朋友一个问题——鱼儿到底在哪里睡觉呢？这一问题在继续等待孩子们探寻答案。

诵与思

　　1. 你知道鱼儿到底睡在哪里吗？你还知道哪些小动物的家所在的地方？

　　2. 身临其境欢快地朗读这首诗歌，在朗读过程中体会发现的奥妙。

半 轮 月

[西班牙] 洛尔迦

月在水上漂流。
天空如此宁静！
河上旧时的波纹，
徐徐地收敛干净，
一只小小的青蛙儿
竟把它当做一面小镜。

（陈光孚 译）

赏 析

　　对于自然万物的精细刻画，往往会对孩子认识世界产生直观的影响，《半轮月》便塑造了一个纯美、宁静的自然场景。诗中，月亮从天空上"跳"了下来，在静静的水面上漂浮着，衬托得天空愈加安静，一幅夜月与河水相映成趣的画面跃然于纸上。画面平移，晚间无风，河面很是平静。一个"收敛"，将两个时空中的河水一动一静的状态同时表现了出来，使诗歌充满了时空立体感。那么，河水到底有多平静呢？一只小青蛙居然将河面当成了镜子。这样一个小动物天真的举动，更加灵动地衬托出这一景观的安静祥和。一月，一河，一小蛙，简洁又生动地构成了一幅绝妙的自然画面。

诵与思

　　晚上的河面是这样的场景，那么当太阳出来以后，会是什么场景？试着以这首诗为模仿对象，写一首描写白天时河面场景的小诗。

画 鸟 儿

［法国］普雷维尔

先画一个打开的鸟笼
等鸟儿一进来
就用画笔把笼门关上

然后用橡皮把笼栅
一根一根统统擦去
小心别碰到鸟儿任何一根羽毛
然后画上树林
画上明媚的春光

这时再为鸟儿选择一条最美的树枝
当鸟儿飞上枝头
无忧无虑地唱歌
画就算成功了

（韦苇 译）

赏　析

　　普雷维尔的《画鸟儿》，很容易让人联想到《小王子》中出现的那几幅简笔画作，它们都让读者真切地看到了孩子那颗晶莹剔透、毫无邪念的童心。作品中存在一个假想的小画家，他在叙述自己创作一幅作品的过程，他希望为鸟儿创造一个多彩自由的生活世界。当鸟儿进入鸟笼后，他便擦去了笼栅，并且还在担心伤害到鸟儿的羽毛。他为鸟儿绘制出了最美的树枝、最明媚的阳光、最美的家。鸟儿"无忧无虑地唱歌"，是他绘画的最终目的。这一系列绘画过程充分表现了一个孩子对于小动物、对于自然万物的怜惜之心，更表现出了孩子对于自由无忧生活的向往与珍视。每一位小朋友，都有可能是这样的小画家。

诵与思

1. 如果是你绘制一幅作品，你最想画什么呢？
2. 以诗歌的形式叙述一下你的绘画过程，就像这首诗歌一样。

一行有一行的气味

[意大利] 罗大里

不管哪一行，
都有独特的气味：
面包铺里散发着
发酵的面粉和奶油鸡蛋香。

当你走过，
家具作坊旁，
你会闻到，
刨花和新锯木板的清香。

油漆工人身上总散发着
松节油和油漆的香味儿，
镶玻璃窗的总有
窗用油石灰的气味儿。

司机的制服上，
有汽油味儿。
工人的外衣上，
有机器油味儿。

有肉豆蔻味——
那是做饼的师傅，
有令人惬意的药香——
那是穿白大褂的大夫。

犁地的农民，
有泥土的气息，
和田野和草地的
清新芬芳。

渔夫身上的气味，
让人想到鲜鱼和大海。
只有无所事事的人的身上
散发不出令人心怡的味道。

懒惰的阔佬，
不管身上洒多少香水，
孩子们，他发出的气味，
也实在不大好。

（侯永正 译）

赏 析

为孩子们启蒙应该是儿童诗所担负的一个重要责任，通过儿童诗，孩子们应该认识到大千世界的美妙、人生的精彩和美德的重要。《一行有一行的气味》通过对不同行业发出的不同气味的细微描写，为孩子认识世界提供了一个独特的途径——嗅觉。作品首先诗意优美地罗列了不同行业所散发出的不同的气味，这些气味都是与大自然中的事物相联系的，为孩子认识这些气味提供了十分熟悉的参照物。其次，作品中这些气味的选择都十分精确，通过这些气味，孩子们可以清楚地学习到这些行业的工作特性，从而对这些工作有大致的认识。最后，作品的结尾还勉励孩子要勤劳向上，因为懒惰的阔佬发出的气味，也实在不好闻。

诵与思

1. 你最喜欢什么味道呢，可不可以将你最喜欢的味道用诗歌的形式描述出来？

2. 提炼概括诗歌中出现的味道，以及这些味道对应的工作，最好以表格的方式呈现出来。

蒲 公 英

［捷克］切普捷科娃

太阳真阔气，
大把的金币
撒满一草地。
蒲公英啊遍地黄，
我采了一把握手上。
你瞧见了吗？
我还编了个花环
戴头上。

等我一进咱家门，
妈妈几乎不敢相信，
原来我戴着一圈金灿灿的蒲公英。
她抬头朝天看了看，
还以为是暖和的太阳
笑眯眯地来到了
我们家。

（刘星灿 译）

赏　析

　　对大自然的赞颂是儿童诗的重要母题，通过对自然的赞美，可以激发孩子们对自然的珍爱与对美的关注。《蒲公英》描绘了一个美丽而又充满童真的场景：一个孩子在洒满阳光的草地上将蒲公英编成花环戴在头上，回家后妈妈看到了，还以为是太阳来拜访。作品准确地运用了比喻手法，将蒲公英比喻为金币，很传神地表达出了蒲公英花金黄的特点。而且作品通过一个疑问句——你瞧见了吗，将小读者拉进诗歌的情境中，直接与诗歌中的那位小朋友进行对话。最后通过妈妈的行为，让蒲公英花的特点与阳光的特点产生了联系，从而将阳光、蒲公英、金币三者联系在一起，形成了一个互相联系的"比喻群"，在孩子头脑中建立起自然万物之间的联系。这首诗在大自然背景的衬托下表现出一种欢快、明亮的气氛。

诵与思

　　1. 你喜爱哪种植物呢？你觉得这种植物与大自然中的哪种事物相似呢？

　　2. 试着写一首小诗，描述一下你喜欢的这种植物。

疯狂滑雪橇

[美国] 苏珊·克奈博·尚克

哥哥拉着雪橇，
指向积着雪的小山。
他说："不要害怕，
滑雪超级刺激好玩。"

我抬头看看山顶，
惊讶得睁大了眼睛。
想到要坐着雪橇从山坡冲下，
心里紧张得"咯噔"了一下。

我们爬呀爬呀爬，
终于登上了山峰。
我们跳上雪橇，
朝着山下小溪一路冲锋。

我们撞上了一个大土包，
雪橇惊险地一跳。
我紧紧地抓住哥哥，
恨不得马上停住开逃。

我们滑向山脚，

停下时雪橇转了一圈。

我咧开嘴冲着哥哥笑：

"我们可不可以再滑一遍？"

（胡妍 译）

赏 析

这是一首优秀的叙事小诗，短短数行，叙述了我和哥哥滑雪的惊险过程。作品对于滑雪过程进行了精练的叙述，虽然只有一首诗的容量，却写得十分跌宕起伏，既有准备滑雪爬山的过程，又有撞到大土包的意外，还有滑雪后的意犹未尽。一个惊险刺激但充满欢乐的滑雪过程被描绘了出来。另外，诗歌对于孩子心理的把握也是恰到好处，从准备滑雪的紧张，到遇到危险的害怕，再到最后的意犹未尽，将孩子微妙的心理变化形象地表现了出来。作品对滑雪过程中的动作与心理展开描写，也意在鼓励孩子们走出家门，积极地进行体育锻炼，以强壮自己的身体。

诵与思

试着用小诗的形式将自己喜欢的运动的过程叙述出来。

107

克拉拉的衣柜

［美国］费伊·惠特曼·马努斯

克拉拉从不学表姐露丝
把自己的衣服挂在衣柜里。
克拉拉的衣柜空空如也，
她的衣服都搁在椅子上——
她的牛仔裤，
一只袜子，一只鞋，
一条裙子，一件衬衣，
还有她的芭蕾短裙。
椅子上堆得满满，
再也搁不下别的衣裳，
她就干脆
把衣服扔在地上，
或挂在门上，放在窗台，
还有床上。
床上堆得
连放她的头都没了空当。
一堆堆的衣物
乱七八糟地到处都放……
只有衣柜空空荡荡，
因为那里是克拉拉睡觉的地方。

（张宏 译）

赏 析

《克拉拉的衣柜》这首小诗构思十分巧妙,内容上一波三折,充满了童趣。以否定形式作为开端,引起读者的好奇,衣服到处乱放的描写让人误以为克拉拉是一个懒散的女孩子,结尾却又横来一笔,说衣柜是克拉拉睡觉的地方,让人惊诧的同时又忍俊不禁。克拉拉活泼可爱又充满童趣的形象跃然纸上,仿佛就是身边某个小朋友。诗句不断对日常的认知进行挑战和反叛,精心构造了最后的趣味,为读者营造了丰富的想象空间,可以愉快地反复回味。

诵与思

平时生活中,你有没有这样乱扔东西的时候,是出于什么原因呢?克拉拉把自己的衣服到处放,却睡在衣柜里,请问她这么做的原因可能有哪些呢?

营　救

［美国］萝拉·萨西

一阵大风吹走了松鼠的巢，
松鼠妈妈发出惊恐的尖叫。
她抖动着尾巴，抽搐着鼻子，
朝着掉落的窝往下跳。

她向前猛冲，牙关紧咬，
爪子抓住了一个毛茸茸的球——
那是只有她一半大小的松鼠宝宝，
长着条蓬松的尾巴，两只眼睛亮晶晶在闪耀。

她把松鼠宝宝叼在嘴里，
爬上树爬到第二个巢。
她把宝宝卷起来轻柔地滚了进去，
然后又冲下树干把其他宝宝找。

她把六只松鼠宝宝一一找回，
一刻都没停歇，直到全部运到。
宝宝们都被送回了家又该睡觉。
他们依偎在一起，
蜷成了毛茸茸的一堆，睡得真好。

（张宏 译）

赏　析

　　即使是成年的松鼠，也是小小的一只，一阵大风就可以破坏他们的家。诗歌的魅力之一在其观察之细微、想象之丰富、情感之纯粹，令人心生共鸣，感同身受。诗歌可以抒发感情、阐述哲理、歌颂美德、记录美景，甚至可以创造新的诗中世界。《营救》这首小诗并没有用太多华丽复杂的词汇来讴歌母爱，却通过松鼠妈妈惊恐的尖叫、抽动鼻子的紧张神情，以及奋不顾身地冲向宝宝，哪怕恐惧让她紧咬牙关，依然一次次救回宝宝的细节描写，将深厚的母爱描绘得入木三分。诗歌采用了对比的手法，将松鼠妈妈奋不顾身的营救行为与温柔地送回宝宝的动作作为对比，将母亲对待宝宝的深爱之心自然而又细腻地表达出来，令人动容。

诵与思

　　做妈妈的对宝宝的心都是一样的，母爱并不分国界和属性，妈妈为了自己的宝宝，常常会爱到忘我。想想平时生活中，妈妈对你的照顾和呵护，是不是也很感人呢？那么，请你写一首小诗，来感谢妈妈对自己的爱吧。

窗　前

［英国］米尔恩

我的两个小雨点，
等在玻璃上面。

我在等着看它们，
哪个赛跑得冠军。

两个雨点俩名字，
一个叫约翰，一个叫詹姆斯。

詹姆斯先开了步，
我的心里望它输。

约翰怎么还在等？
我的心里望它赢。

詹姆斯跑得渐渐慢，
约翰像是给阻拦。

约翰终于跑起来，
詹姆斯的步子又加快。

约翰冲下窗子一溜烟，
詹姆斯的速度又在减。

詹姆斯它碰到一点灰，
约翰在后面紧紧追。

约翰能不能追上？
（詹姆斯可给灰把路挡。）

约翰一下追过它。
（詹姆斯跟苍蝇在拉呱。）

约翰到了，第一名！
瞧吧，窗上太阳亮晶晶！

（任溶溶 译）

赏 析

　　艾伦·亚历山大·米尔恩（1882～1956），是英国著名剧作家、小说家、童话家和儿童诗人。毕业于英国剑桥大学。大学读的是数学，参加过第一次世界大战，曾担任英国老牌幽默杂志《笨拙》的副主编。出版长篇小说、散文、诗歌作品多部，其中儿童文学作品《小熊维尼》一书被译为二十二种语言，在多个国家先后出版，并被迪斯尼买下版权，改编成风靡世界的卡通影片。《窗前》这首小诗体现了作者一贯幽默风趣的风格，并以拟人的手法，将雨天在窗前的无聊时光变得精彩有趣。诗歌还采用了画外音的写作方法，别开生面地将诗人在观赏雨滴赛跑时的心情和喜好准确生动地表达了出来，读来就仿佛陪在诗人身边一同观赏，最终为约翰的胜利而开心振奋。

诵与思

　　阴雨天也好，烈日炎炎的大晴天也好，总会有那么一两种天气，让人觉得无聊烦闷，那么这个时候，你会发呆还是会像诗人一样，寻找让自己快乐起来的方法呢？如果像诗人一样，以一颗快乐的童心来面对生活里的种种，会不会拥有更多的快乐呢？

哑 孩 子

[西班牙] 洛尔迦

孩子在找寻他的声音。
（把它带走的是蟋蟀的王。）

在一滴水中
孩子在找寻他的声音。

我不是要它来说话，
我要把它做个指环，
让我的缄默
戴在他纤小的指头上。

在一滴水中
孩子在找寻他的声音。

（被俘在远处的声音，
穿上了蟋蟀的衣裳。）

（戴望舒 译）

赏　析

在孩子和蟋蟀之间，声音发生了神秘的转换：孩子在寻找他的声音，蟋蟀把它拿走了。孩子执着地寻找他的声音，他不知道，声音已经穿上蟋蟀的衣裳，离他远去了！

在这个关于声音的故事中，蟋蟀真的拿走了孩子的声音吗？当然不是，这是诗人为哑孩子编织的一个有关爱和美的童话。作者为什么拿蟋蟀来写故事？因为蟋蟀和孩子有密切的关系，也许它就是孩子的玩伴，当孩子在它那里找到声音时，声音已经永远回不来了，它象征着那些我们不得不失去的东西……

诵与思

这首诗既有天真的童趣又难以理解，既清澈又神秘，想一想，它是怎么做到的？

病人在几楼

[塞尔维亚] 乔皮奇

著名的雅娜大夫，
家里的电话最多。

"喂！喂！雅娜大夫，
有个客人嗓子疼得难受。"
"客人，什么客人？
是外国朋友？"
"是啊，是从外国来的，
刚来，来自非洲！"
"好的，我马上去，
快告诉我，你在什么地方？在几楼？"
"几楼？啊……啊……
可能在二楼吧，或许在三楼。"
雅娜大夫觉得奇怪，
"什么什么，到底是几楼？"
"对不起，大夫，
我不知该怎样对你说。
我们这儿是动物园，
一头长颈鹿突然嗓子眼儿疼得厉害，
它站在大楼旁边，
疼处可能在二楼——难说在三楼。"

（韦苇 译）

赏 析

别开生面的结尾，让人不禁莞尔一笑。诗歌是自由的灵魂，它可以是哲思的载体，也可能是幽默想法的具体形象，这取决于诗人思想的灵动和对生活现象的巧妙组合。儿童诗中，俯拾皆是这样灵动幽默的想法。一通电话引出了下文，设置悬念的手法，是为了突出后面长颈鹿看病的特殊点：长长的脖子就伸在楼边，嗓子疼得无法说话，只好请动物园的工作人员求助热心的医生；医生问病人在几楼，工作人员却含糊不清地说二楼或三楼。这引起了读者极大的兴趣。将童话故事的趣味性用诗歌的形式表达出来，简洁生动且情节紧凑，同时突出了高潮和思想的闪光点。本诗从鉴赏的角度看，可以称为儿童诗中的佳作。

诵与思

医生只能给人类看病吗？病人都能自己去诊所就医吗？生活中还有很多像医生遇到长颈鹿生病的时刻，好笑，怪诞，却又那么合情合理。你能想到这样的时刻，并且写下来分享给大家吗？

风

[英国] 克里斯蒂娜·罗赛蒂

谁见过风呢？
不是你，也不是我。
当树叶沙沙摇响，
那就是风从林间穿过。

谁见过风呢？
不是你，也不是我。
当树梢低下头来，
那就是风从它身旁经过。

（韦苇 译）

赏 析

诗歌的语言魅力之一，即优雅，古今中外莫不如是。风是诗歌中常见的意象，然而风的样子，确实是谁都没看到过的。以设问开头的写作手法，不仅是诗歌的用法，在小说和散文中也常常见到。诗中通过一个简单的设问，在两段诗句中重复使用，并衔接不同的回答，使诗歌从整体上达成了简洁之美、重复之美和优雅之美，同时巧妙地揭示了风的形象，将生活中平常的场景变得灵动而富有诗意。这首简单的小诗，老少咸宜，是因为其中蕴含着深刻的哲思，令人思索。

诵与思

平凡之中可见真知。在中国古代的哲学中，有着"格物致知"的学习方法，就是面对生活中的事物现象进行思考。那么，你从身边的事物里，发现了什么样的真理呢？

无　题

［土耳其］希克梅特

把地球交给孩子吧，哪怕仅只一天

如同一只色彩斑斓的气球

孩子和星星们边玩边唱

把地球交给孩子吧

好比一只大苹果，一团温暖的面包

哪怕就玩一天，让他们不再饥饿

把地球交给孩子吧

哪怕仅只一天，让世界学会友爱

孩子们将从我们手中接过地球

从此种上永生的树

（刘禾 译）

赏 析

孩童是人类的希望，就如种子是大树的希望，春天是全年的希望。有了希望，明天才值得期待，今日的种种磨砺才有了价值。国学经典《三字经》首句便是"人之初，性本善"，也肯定了孩童天性中的善良部分。中外对于孩童的看法在这点上是统一的。把地球交给孩子，让孩子得以快乐成长，尽情地享有成长应有的资源，其实也并不奢侈，无非只是免于饥饿。这里的"饥饿"可以有两种解释，一种是身体上的饥饿，一种是精神成长的渴求。同时，把地球交给孩子，可以让世界学会呵护孩童、学会友爱，唤醒被成年人遗忘了的种种美好的品德，而这些，是种族和文明延续的希望。因此诗人说，地球从此种上永生的树。

诵与思

小诗中将地球比喻为色彩斑斓的气球、大苹果、温暖的面包，请问为什么这样来比喻？生活中有哪些现象和诗中的比喻相关？

巨人和老鼠

［俄罗斯］弗洛亭别尔

嘘！安静！听我给你们讲故事！
从前有个巨人，大嘴大脸大个儿，
他打了大大一个大哈欠，
他的大嘴里这时蹿进了一只老鼠。

倒霉的巨人只好去找大夫：
"我吞下了一只老鼠——一只活老鼠！
你行行好，给我想个办法，
你听，老鼠在我肚子里吱吱叫呢……"

那大夫的本事可是天下第一。
他一本正经叫巨人张开大嘴：
"啊！张开，张开，再张开！
是只活老鼠吗？什么时候的事？
是刚才吗？那你还愣这儿干吗？
快去找只活猫吞下！"

（韦苇 译）

赏　析

　　这是一首叙事小诗，和大多数诗歌比起来，更像一个诙谐的小故事。口语化的表达，令讲故事的人通过一行行的诗句，穿越纸面来到我们身边。遣词造句是一件神奇的事情，可以让两个不认识的人，在思想上达成默契的共识，可以不见面，就理解了对方的想法。比如诗歌中采用对话的形式，将整件事情完整地讲给每一个阅读的人听，同时通过夸张的写作手法，将医生的治疗方法直白地说出来，却因其想法与正常的治疗方法不同，而构成了幽默诙谐的效果，读来十分有趣。

诵与思

　　倒霉的巨人吞进了一只活老鼠，老鼠在他的肚子里存活了下来，因此医生着急地让他再吞一只活猫进去。可是猫进去吃掉老鼠以后，猫又该怎么办呢？你有比医生更好的解决办法吗？

被子的大地

［英国］斯蒂文森

我病了，只好躺在床上，
垫两个枕头在脑袋底下，
一件件玩具都在我身旁，
叫我整天都快活，乐哈哈。

有时候，用一个钟头光景
我瞧着铅制的兵丁行军，
他们穿着不同的军服，
操练在被褥铺成的山林。

有时候，我让我的舰队
在床单的海洋上破浪行驶，
要不，把树木和房屋搬开，
在床上筑起一座座城市。

我是个伟大的严肃的巨灵，
在枕头叠成的山上坐镇，
凝视着面前的山谷和平原，
做有趣的被子大地的主人。

（屠岸　方谷绣 译）

赏 析

诗歌是文学体裁的一种，文学可以创造一个世界。而诗歌，是文学中的一颗熠熠生辉的宝石。它通过天马行空的想象和凝练精彩的语言，构造了一个又一个美轮美奂的世界。诗人通过文字来将这些美丽的世界展示给人们，从而赋予读者思想的芬芳。生病可以说是最令人讨厌的事情了，躺在床上，不能外出玩耍，是多么寂寞无聊啊。但是在孩子的世界里，玩具是有思想的，哪怕被子的褶皱，都可以插上想象的翅膀，变成崇山峻岭，而生病的孩子，可以当上山谷和平原的主人！这是怎样奇妙纯美而又磅礴的想象力啊！所以说，每一个孩童，都可以是一位杰出的诗人。

诵与思

被子可以变为拥有山谷和平原的大地，生病的孩子可以拥有广袤的土地和有趣的世界。在你的生活里，有没有这样妙趣横生的时刻呢？请把它分享出来，讲给自己的好朋友听吧！

夏天在床上

[英国] 斯蒂文森

冬天，我在黑夜起床，
借着黄黄的蜡烛光穿衣裳。
夏天，事情完全变了样，
还在白天，我就得上床。

不管怎么样，我只好上床，
看鸟儿还在树枝上跳荡，
听大人的脚步声，一阵阵
响在大街上，经过我身旁。

你想，这事儿难不难哪——
天空蓝蓝，天光亮亮，
我多想再玩一会儿啊，
可是，却偏偏要我上床！

（屠岸　方谷绣　译）

赏　析

　　罗伯特·路易斯·斯蒂文森，19世纪后半叶英国伟大的小说家。其作品风格独特多变，对20世纪现代主义文学影响巨大。到了20世纪中期，评论家对其作品进行了新的评价，开始审视斯蒂文森而且将他的作品列为西方经典，并将他誉为19世纪最伟大的作家之一。

　　这首儿童诗非常有趣，十分合乎儿童的年龄特征和心理特点。诗人写了冬、夏两个季节的不同：冬天要借着烛光穿衣裳，而夏天呢，天空蓝蓝、天光亮亮就要上床睡觉，窗外鸟儿还在树枝上跳荡，大人的脚步声一阵阵响起，这时让人睡觉真难啊！小诗用孩子的眼光观察世界，用孩子的思维思索世界，富有童心，富有童趣，构思之巧妙令人赞叹。

诵与思

　　这首小诗为什么只选了冬、夏两个季节进行描写？这两个季节与诗人所叙述的故事有着怎样的关系？

在意义丛林旅行的向导

［叙利亚］阿多尼斯

什么是玫瑰？为了被斩首而生长的头颅

什么是尘土？从大地之肺发出的一声叹息

什么是雨？从乌云的列车上，下来的最后一位旅客

什么是焦虑？褶子和皱纹，在神经的丝绸上

什么是时光？我们穿上的衣服，却再也脱不下来

（薛庆国 译）

赏 析

阿多尼斯是哲学家，他的这首小诗充满了哲思。儿童诗中的哲思诗往往深具魅力和永恒价值。在这首诗中，诗人用五个问答构成了一首诗歌。玫瑰是为了被斩首而生长的头颅，因为它总是难逃被采摘的命运；尘土是大地之肺的一声叹息；雨是乌云列车上最后的一位旅客；焦虑则是神经丝绸上的褶子和皱纹。前四个比喻颇有《诗经》中比兴的意味，而最后的诗眼则是诗歌意义所在，也是作者作为旅行向导的最后解答——时光是我们穿上的衣服，却再也脱不下来。时光的流逝意味着生命最后的终止，我们可以看出，诗歌在最后传递出的是一种惜时如金的忠告，生命的意义其实都在旅行的过程中，而不在终点。

诵与思

1. 积累珍惜时间的名言警句，读一读，记一记。

2. 请你有感情地朗诵这首诗，和朋友交流诗歌感悟。

笼 中 虎

[苏联] 拉什可夫斯基

一只小老鼠来到动物园，
看见老虎就咧嘴笑了：
"嗨，你这猫，到底
也让鼠笼逮住了！"

（韦苇 译）

赏 析

这首童话诗是可以分角度理解的优秀诗作。首先是小老鼠来到动物园，看到老虎，它根本不认识老虎，认为这是一只被鼠笼逮住的猫。在这个层次上，我们可以看出，作者要表达的是一种眼界，世界的大小全在你的眼界中。而在另一个层次上，森林之王被抓到动物园，无论老鼠认识它与否，它都困在笼子里以供观赏，可见，作者又将一种受限的悲哀描写出来。这仅仅四行的小诗，所传递出来的是不同的认识世界的角度，可以称得上是儿童诗中的杰作。

诵与思

1. 认真品读这首童话诗，体会诗歌中不同的认识世界的角度。
2. 想象诗歌中描绘的画面，尝试把诗歌中的情景画出来。

鸟儿死去的时候

[俄罗斯] 日丹诺夫

鸟儿死去的时候，

它身上疲倦的子弹也在哭泣，

那子弹和鸟儿一样，

它唯一的希望也是飞翔。

（刘文飞 译）

赏 析

"反常识"是诗歌独具的特质，也正因此，诗歌能够在表意上更为抽象而有力度。子弹和鸟儿在一般人看来是敌人，诗人却不这样认为。当鸟儿中弹身亡，子弹也失去了飞翔的机会，所以，两个看似势不两立的事物都有了悲剧性。生活中，这样的事情是不是还有很多呢？这首著名的《鸟儿死去的时候》贵在视角的新颖，诗人能够为我们解构一个常见的现象，进而使我们深思。

诵与思

这首短诗只有两个修饰性短语：疲倦的子弹、唯一的希望。说一说，这两个短语在这首诗中有什么作用？

刽　子　手

［苏联］鲍罗杜林

刽子手……

充满了绝望神情的眼睛。

孩子在坑里恳求怜悯：

"叔叔啊，

别埋得太深，

要不妈妈会找不到我们。"

（王守仁 译）

赏　析

　　苏联著名诗人鲍罗杜林的《刽子手》，是一首世界闻名的诗作，它的穿透力与震撼力长久不衰，直至今天依旧触动着各地读者。孩子在坑里的恳求，早已成了回荡在我们耳畔的永不弥散的声音："叔叔啊，别埋得太深，要不妈妈会找不到我们。"这难道不是对战争、对杀戮最有力的鞭挞？是什么让刽子手可以对这些无辜的孩子下手，除了魔鬼，还有谁听到这样的请求会无动于衷？最令人心痛的是，孩子们没有请求一条生路，而只是让刽子手把他们埋得浅一点，好让妈妈能找到。每每读来，每每情难自禁，默默落泪。

诵与思

1. 多读几遍诗歌，了解战争的残酷，感悟和平的宝贵。

2. 面对孩子们的请求，刽子手会怎样回答？想一想，写下来。

慈　母　泪

［日本］福岛元

汇集起
天下母亲的泪，
注入海洋，
海洋定将化出
美丽的樱贝。
汇集起
天下母亲的泪，
抛向天空，
天空定将撒满
明亮的星辉。
汇集起
天下母亲的泪，
洒向大地，
大地定将绽开
鲜艳的花蕾。
让天下的慈母泪啊，
都倾入赤子的心扉，
孩子们——
定将个个满怀挚爱
心地聪睿。

赏 析

自古以来，诗歌执意于描写永恒。母爱是众多情感中最为真挚且无瑕的情感，古今中外多少诗人都在描写这人间挚情。日本著名诗人福岛元的《慈母泪》可以说是其中的杰出之篇。与"慈母手中线，游子身上衣"的表达不同，《慈母泪》选取的中心意象是母亲的眼泪，作者相信母亲的眼泪汇入海洋便可以化出美丽的樱贝，洒向天空就能幻化成明亮的星辉，洒向大地就是鲜艳的花蕾。可见，世间一切美好的事物都在母爱中孕育。而天下更多的慈母泪则汇聚在赤子的心扉，让他们满怀挚爱，心地聪睿。诗人把全部的美好都当成是慈母的馈赠，诗歌以一种大结构的排比来重点突出最后的诗行，将母爱的意义烘托而出，蓬勃无尽。

诵与思

1. 请你有感情地为母亲朗诵这首诗。
2. 积累歌颂母爱的诗句，尝试为母亲写一首诗。

一只小鸟沿小径走来

［美国］狄金森

一只小鸟沿小径走来——
它不知道我在瞧它——
它把一条蚯蚓啄成两段
再把这家伙生着吃掉

然后从近旁的草叶上
吞饮下一颗露水珠——
又向墙根，侧身一跳
给一只甲虫让路——

它用受惊吓的珠子般
滴溜溜转的眼睛——
急促地看了看前后左右——
像个遇险的人，小心

抖了抖它天鹅绒的头
我给它点儿面包屑
它却张开翅膀，划动着
飞了回去，轻捷

胜过在海上划桨
银光里不见缝隙——
胜过蝴蝶午时从岸边跃起
游泳，却没有浪花溅激。

（江枫 译）

赏 析

狄金森的这首诗，来源于观察。"我"观察着一只沿小径走来的小鸟，看见它把蚯蚓啄成两段，再生着吃掉，喝一滴露水，并给甲壳虫让路。而当"我"给它面包屑的时候，"它却张开翅膀，划动着/飞了回去"。细致的观察是童诗深具魅力的基础，这首小诗就是以孩子的视角贴近所观察之物，进而产生联想：这飞起的小鸟"胜过在海上划桨/银光里不见缝隙——/胜过蝴蝶午时从岸边跃起/游泳，却没有浪花溅激"。由此，盎然的诗意便充盈起来，让读者唇齿留香。

诵与思

1. 请你有感情地朗诵这首诗，并加上合适的动作，辅助朗诵。

2. 观察你身边的小动物，尝试写一首诗，学习做生活的有心人。

我的影子

［英国］斯蒂文森

我有个小小的影子，进进出出跟着我，
我可不大知道他到底有什么用场。
他呀，从头到脚都非常非常地像我；
我跳上床去，倒看见他比我先蹦上床。

他怎样成长的呢，咳，那才叫好玩——
全不像真正的孩子那样，慢慢地长大；
有时候他长得那么高，像皮球，一蹦蹿上天，
有时候他缩得那么小，我完全看不见他。

孩子该怎样游戏，他可是完全不知道，
只知道想着法儿捉弄我，跟我开玩笑。
他老是紧紧跟着我，真像个胆小鬼，你瞧；
我像他紧跟我那样去紧跟保姆可多害臊！

一天早上，非常早，太阳还没有起身，
我起来看到露珠在金凤花儿上闪耀；
可是我那懒惰的小影子，真贪睡，还不醒，
他在我身后，在家里床上，呼呼地睡觉。

（屠岸　方谷绣　译）

赏 析

不得不敬佩这首《我的影子》构思巧妙。诗人将笔触集中在小主人公对自己影子的思索之上。先是直观描摹：写影子"进进出出跟着我"，"比我先蹦上床"，小主人公完全不知道影子到底有什么用场。之后便是来源于生活的观察描写，写影子只知道和他捉迷藏，像个胆小鬼紧紧跟着他。而最为巧妙的是诗歌的最后一节，一个太阳还没出来的早上，小主人公没有看到他的影子，于是便认为"我那懒惰的小影子，真贪睡，还不醒，他在我身后，在家里床上，呼呼地睡觉"。这样的构思给人以新奇之感，诗人写出了孩子观察世界的个性化角度，他们认识世界的方式先于教科书，那么有趣又真诚。

诵与思

1. 请有感情地朗诵这首诗，体会诗人的思想感情。

2. 你观察过你的影子吗？有没有什么有趣的发现？试着写一首小诗。

雪 橇

［南斯拉夫］兹麦伊

在我们村子上空
只有雾在盘旋
兰科做了一个雪橇
结实而且好看

从此每天大清早
直到晚上睡前
他一个劲等啊等啊
只等着下雪天

他答应了他的妹妹
可不是开玩笑
我让你们在新雪上
坐我这新雪橇

圣诞节很快就要到
我要尽情滑雪
我要一直滑到郊外
在那地方过节

然后我要从山坡上

一直往下滑

可是样样准备停当

就是雪老不下

（任溶溶　译）

赏　析

　　一个孩子的焦急往往更加单纯而迫切，比如等待一场雪。南斯拉夫著名诗人兹麦伊的这首《雪橇》就是写一个孩子的等待。村子的上空只有雾在盘旋，而小主人公等待着的是一场新雪。他不是为了自己要痛痛快快地玩雪，而是他答应了妹妹要让她们在新雪上坐他的新雪橇，这"可不是开玩笑"。他已经想好了路线，想好了那时将会是怎样欢快的场面，可样样准备停当之后，雪却依旧不下。这里的小主人公，为他的承诺焦急地等待。诗人将热切的情绪毫不吝惜地铺洒在诗行中，那些准备的过程，对承诺的描写，都是为了渲染小主人公的心情，却没有对这心情进行任何直接的描写，诗歌就通过这种含蓄将读者真切地带入了主人公的情境之中。

诵与思

1. 请你有感情地朗诵这首诗，读出孩子焦急等待的心情。

2. 你期待下雪吗？下雪时你最喜欢做什么？请和朋友一起交流。

小约卡学干针线活

［捷克］本多娃

小约卡找到了针和线，
她缝了些什么？你马上会瞧见。

先是爸爸生气又吃惊：
"我的上衣怎么穿不进？"

接着妈妈翻来覆去地瞧：
"我的帽子怎么戴不了？"

爷爷嚷："不像话！
谁把我和躺椅缝在一起啦！"

姑姑穿不进裙，
叔叔穿不进裤和袜。

小约卡笑得乐开了花，
"瞧，咱家连一个窟窿也没有啦！"

（刘星灿 译）

赏 析

　　本多娃的《小约卡学干针线活》是一首充满童趣的小诗。小约卡找到了针和线，她把家里一切带窟窿的东西都缝上了，爸爸的上衣穿不进去，妈妈的帽子戴不了，爷爷和躺椅被缝在了一起，姑姑穿不进裙子，连叔叔的裤子和袜子也穿不进去。这时候的小约卡却自己乐开了花，因为她认为自己补上了家里所有的窟窿。这让人捧腹的诗歌以形象的语言和动作神态描写，将一个孩子的行为和心理描摹得淋漓尽致。诗人紧紧抓住了孩子的心理特点，将那种想要长大、想要为家里人做事的想法付诸实践，结果呢，这混乱的场面实在富有喜剧色彩。

诵与思

　　1.多读几遍这首诗，尝试把这首诗改编成一个有趣的小故事，讲给爸爸妈妈听。

　　2.请你回忆自己的童年趣事，试着写一首诗歌。

红 灯

红灯一亮，
停止来往。

特别快车急得不得了：
"喂，快关掉这胡闹的信号！

谢谢你，求求你，快给我让路，
我这辆火车有特别的任务。"

那红灯
不作一声
尽望着黑里直瞪。

火车呜呜地叫："真是开玩笑！
我带伯爵出国，你知不知道！"

红灯不声不响，只管亮着，
没跟火车说一句话。

火车又呜呜叫："简直没礼貌！
我要给官老爷一个电报！

我车上坐着位海军大将！……"
红灯可还像先前那样。

听着吧，朋友们，如果你碰上
有辆战争火车在路上直闯，
那你们赶快开亮红灯：
"火车，停下！
此路不通行！"

（任溶溶 译）

赏　析

　　儿童诗只能反映儿童的世界？不，绝不只如此。优秀的儿童诗往往深具意蕴，横跨成人和儿童的世界。这首《红灯》就是一首优秀的反战儿童诗。"红灯一亮，停止来往"，急坏了特别快车，它大言车里坐着的是伯爵大人，有位海军大将。可无论如何，红灯依旧不为所动。当读者正为此感到疑惑时，最后一节诗进行了解答——"听着吧，朋友们，如果你碰上有辆战争火车在路上直闯，那你们赶快开亮红灯"，红灯让此路不通，就是关闭战场。这样的儿童诗能将反战情绪变成一颗种子，埋在孩子心中，让孩子成长为和平的守护者。

诵与思

1. 品读诗歌，反对战争，珍爱和平。
2. 观察道路上的红灯，说说自己的感想，写一首小诗。

该睡的时候溜了

［英国］斯蒂文森

穿过窗格，窗栏，窗框，
客厅和厨房里射出了灯光；
几百万，几千万，几万万颗星星
高高地旋转在我的头顶上。
树叶儿几千张，比不上星星多，
教堂里，公园里，人不如星星多，
一群群星星啊，低头看着我，
一群群星星啊，在夜空闪烁。
天狼星，北斗星，猎户星，火星，
指引水手们航海的星……
在天上闪烁，墙边的水桶里
装了半桶清水和星星。
大人们看到我，边喊边追我，
马上把我抱上了床；
灿烂的光啊，还在我眼前闪烁，
星星们，还在我脑子里游荡。

（屠岸　方谷绣 译）

赏　析

　　斯蒂文森的这首《该睡的时候溜了》，是一首充满了星光的诗。主人公不睡觉，而是选择逃跑看星星。穿过窗子的星星高高地悬挂在主人公的头顶，那几百万、几千万、几万万颗星星璀璨夺目。诗人选取的意象单一却丰盈，那么多的星星聚成星座，装满了主人公的房间，甚至"墙边的水桶里/装了半桶清水和星星"。大人们看见小朋友（主人公），一边追一边喊，将他抱上床，可星星还在孩子的脑海里游荡。显然，这全部的星星是真实的星光与主人公的想象映照而成的，它们闪烁在主人公的脑海里，也让诗歌满载光华。儿童诗的美，恰在于文本和读者的互相关照，这璀璨无尽的星光不正是一道道闪亮的桥吗？

诵与思

　　1. 在夜晚仰望星空，欣赏璀璨的星光。

　　2. 积累几首描写星光的中国诗，和本诗进行对比阅读，感受中外文化的不同魅力。

或者这样，或者那样

[巴西] 塞·梅雷莱斯

或者有雨没有太阳，
或者有太阳而没有雨！

或者戴手套不戴戒指，
或者戴戒指而把手套丢弃！

谁飞上天就不在地上，
谁在地上就不在天上。

十分遗憾，一个人不能同时
在两个地方！

或者攒钱而不买糖，
或者买糖而把钱花光。

或者这样，或者那样；
或者这样，或者那样……
我整天选来择去，苦思冥想！

我不知道玩好，还是学习好，

是静待在家里，还是出去跑跑。

然而，我仍然不懂得，
到底哪个更好：是这样好，还是那样好。

（刘焕卿 译）

赏　析

　　永恒的矛盾，永远的遗憾，我们生活在这样的世界中，设身处地想要两全其美，往往事与愿违。在这首诗歌中，诗人将那种遗憾抒写得淋漓尽致。"或者有雨没有太阳，或者有太阳而没有雨"，第一节诗便把读者带入到一种关于矛盾的命题中，后面的诗行依旧是这种两难的表达。我们必须坦率地承认没有完全的两全其美，因此就要习惯取舍，习惯遗憾。诗歌要传递的似乎就是这种无力之中的破釜沉舟，这就是生活。

诵与思

　　1. 请你有感情地朗诵这首诗，体会作者在取舍中的矛盾心情。
　　2. 在你的成长过程中，经历过和作者相似的矛盾选择吗？你当时的感受是怎样的，想一想，写一写。

死了的小女孩

［土耳其］希克梅特

请开门吧，是我在敲门

我在敲，每一家的门

你的眼睛看不见我——

因为，谁也看不见死了的人

我死在广岛，

多少年过去了，又要再过多少年

我曾经七岁，现在还是七岁——

因为，死了的孩子不会长

火烧毁了我的头发

后来，眼睛也被蒙住了

于是我变成了一小撮灰烬

风，就把灰烬吹走了

我请求你，但不是为了自己

我不需要面包，也不需要米饭

一个像枯叶一样烧焦了的孩子

连糖，也不能吃了

请你们一起来祈求和平

我请求你们，全世界的人们

为了让孩子能够吃糖

为了不让火把孩子烧死

（陈微明 译）

赏　析

　　这首《死了的小女孩》写的是死亡，更是战争。儿童诗不应该避讳黑暗，也不应该回避死亡，这依旧是诗歌的主题。在这首诗中，作者写一个谁也看不见的小女孩，因为她死于战火。她敲每一家门，向人们诉说战争的残酷，烈火烧光了她的头发、她的身体，连骨灰也不剩。她请求所有人，但不是为了自己，因为被烧焦的孩子，什么也不需要了。然而她还是在呼告，请大家一起祈求和平，"为了让孩子能够吃糖/为了不让火把孩子烧死"。这样的诗任何人读了都会有流泪的冲动，因为战争之苦已经从这孩子口中传递出来，而和平则需要全世界的人共同守护。诗歌的气象在最后一节达到了顶峰，让读者深深震撼。

诵与思

　　1. 认真读几遍诗歌，体会诗人的强烈感情。

　　2. 你看过战争电影吗？说一说你的感想，通过对比体会和平的宝贵和来之不易。

大山和小松鼠

［美国］R·W·埃默森

有一座大山和一只小松鼠
争得脸红脖子粗，
大山笑话小松鼠"太小"，
小松鼠回答：
"你是大个儿，我当然知道，
可世上有这样那样的东西，
它们必须凑在一起
才能组成大家庭，
才有四季的运行。
我站在我的位置上，
从没把自己瞧不上。
如果说我的个子没你高，
那你想变小还变不了，
也不像我这样敏捷活泼，
不过我并不否认你为我
准备了一条挺棒的小道。
本领各不同，各有各的招儿，
要说我背不动森林是实情，
可你连咬碎个核桃也干不成。"

（章燕　屠岸　译）

152

赏　析

　　万物各司其职，相互组合，才能运转整个世界。美国著名诗人埃默森深谙其道。这首《大山和小松鼠》入木三分地将这个道理讲述出来，开篇即大山和小松鼠的争执，大山嫌弃小松鼠个子小，小松鼠却回答得无比精妙。"我站在我的位置上，从没把自己瞧不上"，"如果说我的个子没你高，那你想变小还变不了"，小松鼠用一种辩证的方法来回答大山。更为可贵的是，诗人没有止笔于小松鼠对自己特点和优势的述写，而是同样承认大山的伟岸、包容，背着整片森林，以及为生灵留下的小道。那一句"可世上有这样那样的东西，它们必须凑在一起才能组成大家庭，才有四季的运行"，最是将诗歌的主旨上升到了一种和谐的高度，诗歌的承载力就此更为强大。

诵与思

　　1.听了小松鼠的话，大山会怎样回答，发挥你的想象力，续写这首诗歌。

　　2.读了这首诗歌，你明白了什么道理？请和同学们交流吧。

难　处

［保加利亚］博塞夫

玛丽卡上学迟到了，

可这究竟是谁的不好？

她的难处有三条：

第一，我早上起不来，

这得怪被窝把我拉太牢！

第二，要怪牛奶太烫，

一口两口喝不了！

第三，我总得照照镜子吧，

我的发辫是边走边编的，

到校门口才好不容易把它编好！

钟不等我，都怪它，

钟不等我，是钟不好……

（韦苇　译）

赏　析

博塞夫的《难处》，是一首妙趣横生的小诗，主人公玛丽卡上学迟到了，她总结了三条理由："被窝把我拉太牢"，"牛奶太烫"，"到校门口才好不容易把它（辫子）编好"。而最后的一个终极理由更加令人忍俊不禁，"钟不等我，都怪它，钟不等我，是钟不好"。诗中以一个小女孩的口吻来展现我们所有人面对错误时都有可能产生的各种千奇百怪的想法，很少有人能够真正想到自己的缺点。主人公的言辞揭露了我们的内心，这种将叙述和叩问巧妙结合的方法，使诗歌充满内部的逻辑和延展的可能，小诗似乎也在指明我们应该如何应对这么多的"难处"。

诵与思

你的生活有没有难处？请将你的"难处"写成一首小诗，与大家分享一下。

给你写信

［俄罗斯］阿肯姆

我往信封里装一张纸，
信纸上什么字也没有写。
信纸里只包一片柳叶，
能让你闻到春天的气息。

写上你的地址，
写上你的姓名，
找到那绿色的邮筒，
我邮出了我的信。

你收到我的信，
你会打心坎里高兴，
一个朋友惦念着一个朋友，
这是人世间最美好的事情。

你一定会立刻给我回信！
你也不用写什么，不用写信，
就往信纸里包上一片羽毛，
我一拆信就能听到鸟雀的欢叫声。

（韦苇 译）

赏　析

　　"一个朋友惦念着一个朋友，这是人世间最美好的事情。"对美好情感的表述，使得诗歌成为了最好的抒情文体，诗缘情，更是对诗歌的一个精妙定义。阿肯姆的这首《给你写信》就极具抒情效果。在信纸里只包上一片柳叶，让收信人能够闻到春天的气息。这诗意的行为奠定了诗歌唯美的情感基调，然后是写上地址和姓名，找到绿色的邮筒将信寄出。整整一个诗节都在描述如何寄信，这些细节描写让那种愉悦的情感蓄势待发，接着是对朋友收到信之后的想象，回信里也什么都不写，只是一片羽毛，好让"我一拆信就能听到鸟雀的欢叫声"。情感流露在柳叶和羽毛之间，读者不需要知道诗人要写给谁，写什么，只需要跟着这春的气息和鸟雀的欢叫便可感受到那珍贵的真情。

诵与思

1.请你有感情地朗诵这首诗，体会诗人对朋友的情意。

2.为你的好朋友写一封独特的信。

我学写字

[比利时] 卡列姆

当我学着写"小绵羊"，
一下子，树呀，房子呀，栅栏呀，
凡是我眼睛看到的一切，
就都弯卷起来，像羊毛一样。

当我拿笔把"河流"
写上我的小练习本，
我的眼前就溅起一片水花，
还从水底升起一座宫殿。

当我的笔写好了"草地"，
我就看见在花间忙碌的蜜蜂，
两只蝴蝶旋舞着，
我挥手就能把它们全兜进网中。

要是我写上"我的爸爸"，
我立刻就想唱歌儿蹦几下，
我个儿最高，身体最棒，
什么事我全能干得顶呱呱。

（韦苇 译）

赏　析

　　创造力，是诗歌最具代表性的文本特点，而孩子的创造力更是无穷，因此儿童诗在文本和内容上兼具无限的创造性。卡列姆这首《我学写字》就是极具创造力的诗作。这首诗的述写集中在"我学写字"上，当写"小绵羊"的时候，眼前的一切景象就都弯曲起来，像羊毛。而当写下"河流"的时候，眼前就迸溅起了水花。写字在这时就成为了创造，一切意象都随着笔下的字而变幻出了各自的特点。而诗歌的结尾，却是小主人公要写下"我的爸爸"，因此他想到了那个"我个儿最高，身体最棒，什么事我全能干得顶呱呱"的爸爸形象。可见，诗人最终将情感的内核集中在了爸爸的形象上，在学写字的过程中，表露出内心对爸爸的崇拜与爱。创造力与情感表达最终融为一体，诗歌的张力就此达到一种新的高度。

诵与思

1. 请你回忆一下你学写字的过程，并写成一小段描写。
2. 天空会写字吗？大地会写字吗？请你思考，并回答。

钓鱼的人

［苏联］巴尔托

有一个爱钓鱼的人，

一早就坐在湖上头。

他坐在那里哼了又哼，

哼的歌儿一个字也没有。

这可爱的小歌曲，

里面有快乐也有忧愁，

可是水里的鱼，

暗中已经把它记熟。

等到歌儿一开头，

鱼儿就四面八方逃走。

（任溶溶 译）

赏 析

巴尔托的这首《钓鱼的人》，兼具画面感和诗歌的灵动意蕴。首先是一个爱钓鱼的人坐在湖上头哼歌。诗人直接描述这被哼了又哼的歌一个字也没有，有的只是快乐和忧愁。这个画面直观地被嵌入了读者的脑海。而诗人一个转笔，视角便已经转移到了湖中，湖里的鱼儿暗中已经把这歌曲记熟，一听到歌儿的开头，便向四面八方逃去。可见，诗人的笔力尽在这两个场面之中，悠闲的钓者构成了湖面之上的情景，四散而逃的小鱼构成了湖水之下的场面，而沟通两个场景的却是一首没有词的歌。诗歌的魅力就在于画面的独立和共融上，钓者和鱼的可爱形象也尽在眼前。

诵与思

1. 请你有感情地朗诵这首诗，并联想鱼的内心世界。
2. 想象诗歌的画面，和同学讲述这个钓鱼的小故事。

日安，白天

［德国］雷丁

你一起床
就去拍
白天的肩膀
捶他的肋骨
使劲把他拥抱
并对他说：
"日安，白天！
你可愿意
一直到晚上
陪我一道？"
你会吓一跳
白天多半会
咧嘴大笑，说：
"好！"

赏 析

　　丰沛的想象，大胆的抒写，让诗歌成为了一种最为凝练却又充满张力的文体。这首《日安，白天》是雷丁的代表作，以想象和童趣著称。诗歌以一种饱满的热情开篇，"你一起床/就去拍/白天的肩膀"，这是多么生动的开场！究竟是谁起床？他为什么要拍白天的肩膀？白天的肩膀又在哪里？这一切疑问都不是诗人想要回答的，他只需要继续他的想象，捶白天的肋骨，使劲拥抱白天。这里的白天绝不像白云、太阳一样是实在的意象，而是抽象且飘忽，完全在主人公眼里具象化。尤其是当白天欣然同意陪小主人公到晚上的时候，诗歌丰盈的想象一下子落在了实处，这孩童的烂漫幻想和对万事万物的热情便席卷而来。

诵与思

　　1. 你观察过白天和夜晚吗？请你写一首关于日夜交替的诗歌。

　　2. 请你有感情地朗诵这首诗，并加上合适的动作，辅助朗诵。

两只兔子

［西班牙］托·德·伊利亚特

在灌木丛里，
有一只兔子，
它不是在跑，
而是在飞。
有两只狗，
在后面紧追。

从一个洞里，
跑出一个同伴，
说道："等一等，
朋友，你这是怎么了？"

"还能有什么？
我已经喘不过气来，
有两只加尔哥狗，
在把我紧紧追赶。"

"是的，"那只兔子说，
"我看见它们就在那边，
但并不是什么加尔哥狗。"

"那是什么？""是波得哥狗。"

　　"什么，你说是波得哥狗？"
　　"当然，我的眼力绝不会错。"
　　"是加尔哥狗，地道的加尔哥狗，
我看得再清楚不过。"

　　"得了吧，是波得哥狗，
在这方面，你可一点儿也不懂。"
　　"是加尔哥狗，我告诉你！"
　　"是波得哥狗，你听我说！"

　　它俩吵得不可开交，
两只狗已经追到身旁，
不慌不忙，
两只兔子一转眼就进了狗的肚肠。

　　　　　　　　　（杨明江 译）

赏 析

诗歌所传递的主题往往隐晦，而优秀的儿童诗则应是层次分明的，它在纵深层面上分别赋有意义。托·德·伊利亚特的这首《两只兔子》就是在主旨上分层次的诗歌。一只飞奔着的兔子，本能够轻松逃离两只狗的追捕，然而，它和另外一只兔子关于狗品种的争论却使它们丧了命。读者一方面可以感慨兔子的愚蠢或狗的凶残，一方面难免由衷地惋惜这场本不该存在的悲剧。可是诗人却留下了更为深刻的主旨，即究竟是对手的强大战胜了我们，还是自身的游移不定，抑或是舍本逐末带来了灭亡。这种纵深的思考，可以伴随读者的一生。

诵与思

1. 请你为兔子写一首哀悼诗，并与原作表达的意义相近。

2. 仔细品读这首诗，体会其中蕴含的深刻哲理。

结 绒 线

[苏联] 巴尔托

我们的大姐
从清早起就编织
夜里她不肯睡——
把编织针藏在枕头下面
她夜里坐在床上——
在黑暗里结绒线

我们的大姐
从清早起就编织
只要绒线弄到手
她整天不吃不喝也能行

如果绒线已经用完
她就把衣柜打开
拿出一件绒线衫
慢慢地拆开

等到奶奶回家
有须头的三角围巾没啦
短衫没了衣领

家里的绒线东西都拆干净

两只毛蓬蓬的小狗
睡在小门旁边晒太阳
姐姐一面织绒线
一面远远盯着它们望

姐姐的脾气我知道
快把小狗关起来才好！
她要拿起我的小狗
把狗毛当绒线来用
她要一声不响
用狗毛把手套结成功

快把小狗关进屋子
别让它们落到姐姐手中！

（任溶溶　译）

赏　析

　　这首《结绒线》是成功的儿童视角诗歌。诗歌中有一位过分勤劳的姐姐，在孩子们眼中，大姐宁可不眠不休也要把所有绒线都结好。她从清早就开始结绒线，晚上不肯睡，把编织针藏在枕头底下，她还会把所有的毛线衣物都拆掉然后重新编织。诗歌的亮点在于孩子对小狗的担忧，要藏起睡觉的小狗，因为姐姐可能"把狗毛当绒线来用／她要一声不响／用狗毛把手套结成功"，不让小狗落在姐姐手中成为了小主人公的使命。在欣赏诗歌横生的妙趣时，我们不妨分析一下这位勤劳的姐姐，她为什么不眠不休地编织？是她喜爱编织吗？或者编织是她的工作？或许，有更多的原因，诗人没有让小主人公看到，而读者们则可以结合时代背景尽情地想象，这也是这首童诗的魅力所在。

诵与思

1. 请你重述这首诗所描述的故事，并且点明几个人物的性格。
2. 读完这首诗，你想对这位勤劳的姐姐说些什么？

最苦恼的事

［苏联］巴尔托

"玛莎，你为什么苦着脸？"

"都怨这该死的雀斑
这些该死的雀斑
让我吃不下饭！

"雀斑，使我变丑
不幸到了极点
擦掉它们就知道
我有多么好看！

"可是它们擦不掉——
这件事情最苦恼！

"就在上一个星期
那英俊的彼加
看着我像看怪物
马上就把腿撒
鼻子上面长满雀斑
真是一个灾难

170

苦得没法子想象
　　难得没法子办！

"可是它们擦不掉——
这件事最苦恼！

"可气的是今天
碰到英俊的彼加
他竟带着个
　　　　　小女生
她有红红的脸颊

"等到走近
　　　　我傻了
好像遭了雷劈
她满鼻子都是雀斑
他却全不在意！

"男孩子就这样怪——
我的雀斑
　　难道比她更厉害？"

　　　　　　（任溶溶　译）

171

赏　析

　　每个人、每个阶段都会有"最苦恼的事"，它们像影子一样困扰着我们，而每每回过头再来看，这些最苦恼的事儿也不过如此。很多时候，我们不得其解的，只是我们自己的想法。看巴尔托的这首小诗，雀斑这个意象成为了困扰小女孩的天大的事，她想擦掉它们。"擦掉雀斑"这个表达本身就让诗歌充满了童趣，而这恰恰也使诗歌具备了"放大"的可能，我们总想弥补自身的缺陷，然而这些想法都是天真的。诗歌的精华部分是当小主人公看到英俊的男生带着的女孩儿鼻子上有更多的雀斑时内心的冲击，"男孩子就这样怪——/我的雀斑/难道比她更厉害"，这小女孩的迷惑就是所有大人的曾经，也是很多小孩儿的未来。

诵与思

1. 请有感情地朗诵这首诗，并为它加上一小节。
2. 你的苦恼是什么呢？你敢把它写下来吗？

游戏的小猫

[英国] 华兹华斯

看啊，墙头的小猫咪
正在跟落叶做游戏。
老树上枯叶往下掉，
一片，两片，三片飘，
飘过宁静的冷空气，
在晴朗美丽的晨光里。

看小猫怎样跳过去，
缩又伸，乱抓，扑上去，
一个虎步，侧半身，
终于抓住了战利品。
抓住又立刻放它走，
然后再一次抓到手。
她抓住三片又四张，
跟印度魔术师一个样，
技巧熟练快如神，
表演精彩功夫深。
可要是群众来围观，
小猫哟，你会怎么办？

（屠岸　方谷绣 译）

赏 析

　　欣赏一首诗，诗情可以说是一个最重要的元素，诗情是意境和节奏的巧妙结合，这首《游戏的小猫》便在诗情上有着很高的价值。墙头上的小猫和落叶做游戏，"一片，两片，三片飘"直接将意境描写出来，之后的诗行更是在节奏上有着巧妙的安排——"她抓住三片又四张，跟印度魔术师一个样"，借助着跳跃性的节奏，小猫与落叶的游戏自得其乐又让人忍俊不禁，诗情在其间漫延，给读者无尽的想象空间。最后，诗人用问句来结束诗歌，想象要是有群众围观，小猫将怎么办？是继续游戏，还是羞涩地逃走？读者自问自答间，诗情便已经融入到读者的心中。

诵与思

　　1. 你喜欢小动物吗？请你谈谈人类和动物的关系。
　　2. 你和小动物之间发生过怎样有趣的事情？尝试着写一首小诗。

童　话

［捷克斯洛伐克］斯拉德克

"白桦为什么颤抖，妈妈？"

——"它在细听鸟儿说话。"

"鸟儿说些什么呢，妈妈？"

——"说仙女傍晚把它们好一顿吓。"

"仙女怎么会把鸟儿吓呢？"

——"她追赶着白鸽在林中乱窜。"

"仙女为什么要追赶白鸽？"

——"她见白鸽差点儿淹死在水潭。"

"白鸽为什么会差点淹死呢？"

——"它想把掉到水里的星星啄上岸。"

"妈妈，

它把水里的星星啄上岸了吗？"

——"孩子啊，这个我可答不上。

我只知道，等到仙女挨着白鸽的脸蛋时，

就像如今我在亲你一样，

亲呀亲呀，亲个没完。"

（刘星灿 译）

赏 析

这首《童话》是问答体诗歌的典范。童真和童趣冲荡其间的诗歌，才可以让读者在阅读过程中感受到一种灵魂深处的轻松和愉悦。不得不说，孩子的口吻与白桦、鸟儿、仙女、星星、亲吻相得益彰，这种"追问"满载着孩子稚嫩的思维和对世界一切美好的洞见。妈妈和孩子的对话以白桦的颤抖开始，渐渐脱离了眼前所见之景物，思维发散到童话的国度，那里的一切都有生命，参差错落的诗行把话题最终引向唯一的结局，那即是母亲的爱——捧着孩子的小脸"亲呀亲呀，亲个没完"。还能有什么比童诗更能描述这感情呢？

诵与思

1. 有感情地朗诵这首诗歌，要求牢牢把握诗歌中的主人公情绪。

2. 请你写一个小片段，关于你眼前的一个物件，要求有大胆的想象。

移民列车

[意大利] 罗大里

离乡背井的手提箱
不大也不沉……

里面装着故乡的泥土，
这样我就不是独自一人远行……

一件衣服，一块面包，一个水果
这是全部行囊。
但我的心，我没有带着它走，
也没有把它装进手提箱。

它离开家乡时很痛苦，
不愿去海的那一边。

它留下来，像狗一样忠诚，
留在了不能给我面包的土地上。

那一片小小的田野，就在那边……
火车飞奔，那片土地再也看不见了。

（任溶溶 译）

赏　析

　　读罗大里的这首《移民列车》，很容易被一种忧愁所包围。没有人愿意离开自己的故乡，诗人似乎更为敏锐地捕捉到了这种背井离乡所带来的无限悲伤。在意象的选择上，旅行箱和泥土令人瞩目，因为"这样我就不是独自一人远行"。而那颗眷恋着故土的心，没有被装进手提箱。带着家乡的泥土，留下自己的心，这种"带走"和"留下"的强烈对比将诗歌的节奏推向一个意蕴上的高潮，强烈的不舍情感弥漫在诗行之间。而诗歌的结尾则以一种清浅的笔触，再度将读者的不舍情绪勾起，随着那飞奔的火车，飘然而去。

诵与思

　　1.请你有感情地朗诵这首诗，并就其中的三个意象重新写一首小诗。

　　2.你坐过列车吗？你的感受是什么？

雾

[美国] 桑德堡

雾来了——
踮着猫的细步

它弓起腰蹲着
静静地俯视
海港和城市
又再往前走去

（赵毅衡 译）

赏　析

　　如果细心观察，就会发现诗潜藏在任何地方，只要拥有一颗诗心，便也拥有了一双发现美的眼睛。我们来看桑德堡的这首小诗，意象简单明了，是我们最常见的一种自然景象——雾。"雾来了"三个字瞬间就把读者带入到一种情景中，是小心翼翼，还是慌里慌张？破折号后面的诗行此时犹如点睛之笔，"踮着猫的细步"一句，将雾拟物为猫，又以"踮""细步"来描摹猫的姿态，将雾来时的情状入木三分地表现出来。后面的"弓起腰""蹲""俯视"都是那么贴切，此时的雾已经富有了情感和动作。漫过"海港和城市"，再向前走，将雾的动态勾勒出来。不得不佩服作者精妙的观察和巧妙的体会。童诗的意境，瞬间呈现在了读者眼前。

诵与思

　　1. 请谈一谈你认为儿童诗应该更注重想象力，还是诗歌的内涵？

　　2. 如果要你选择一首想象力和内涵平分秋色的诗歌，你会在书中的一百首诗歌中选出哪首？请谈谈理由。

别 挤 啦

［英国］狄更斯

你，不要挤！世界那么大，
它容纳得了我，也容纳得了你。
所有的大门都敞开着，
思想的王国是自由的天地。
你可以尽情地追求，
追求那人间最好的一切。
只是你得保证，
保证你自己不使别人受到压抑。

不要把善良从心灵深处挤走，
更得严防丑恶偷偷潜入你心底。
给道德以应有的地位，
给每一件好事以恰当的鼓励；
让每一天成为一项严峻的记录，
面对着它，我应当问心无愧：
给别人生的权利，活的余地，
不要挤，千万不要挤！

赏 析

狄更斯的《别挤啦》，可以称得上是一首极具情怀的诗歌。"不要挤"不仅指空间上的拥挤，更指向人心，是一句针对人性和道德挤压的警语。"世界那么大"，我们都被承载其间，思想更是自由的空间。诗人渴望的是在精神维度上的轻松，可以尽情地追求自由和自我，但必须"保证你自己不使别人受到压抑"，把善良和道德留在心里，去应对这本就不拥挤的世界。诗人要摒弃恶的侵扰，要对善良问心无愧，诗歌传递出的是一种人与人之间应有的"规则"。那一声声"不要挤"，是呼告，也是期待，是自勉，也是悍卫！

诵与思

1.你认为你生活的世界拥挤吗？你是否有过一种对独处的渴望？

2.请你以《不要挤》为题目，写一个小语段，并使用至少两种修辞手法。

贝尔格莱德出了乱子

［塞尔维亚］鲁凯奇

出了乱子！
出了乱子！
全贝尔格莱德
这样惊惊惶惶。
人人都在说：
有一头可怕的狮子
不久前
从动物园里
跑到外面。

所有汽车，
所有电车，
所有大车，
所有小车，
都像兔子一样，
逃开去躲藏！
求狮子没有用，
唯一的办法是
逃快一点！

爬窗的爬窗，

进屋的进屋，

快点！

快点！

谁跑得这么慢？

唉，这个不要命的家伙！

瞧那百兽之王

来咬你的屁股！

叫呀，

嚷呀，

哇啦哇啦，

都进了房。

然后从窗口

往外观望。

这里那里

谁的心里都在嘀咕：

现在顶顶要紧的是

别叫狮子饿得慌！

瞧面包师，

把大堆大堆的

美味小面包

全扔给狮子：

吃吧吃吧，

百兽之王，

可别来咬我们！

糖果店的主人
把大堆大堆的巧克力
果子冻
扔给兽王：
吃吧吃吧，狮子，
吃巧克力糖！
吃吧吃吧，狮子，
吃果子软糖！
可千万别
吃人！

但是狮子
什么也不吃，
它文文静静地
走进了电影院，
它温温和和地
坐在观众席上，
专心致志地
看那从它老家非洲
拍来的电影。

（韦苇 译）

185

赏　析

鲁凯奇的这首诗歌想象力奇绝，他用"出了乱子"来制造出一种恐慌。动物园里跑出的狮子的到来让人们无比惊慌，他们开着车四处乱跑。这第一个场景就把"乱"描写得淋漓尽致。而人们深知"求狮子没有用"，所以都赶快逃，他们钻进房屋，又投出大量的面包和糖果，希望狮子不饿肚子。细心的读者就会发现，诗里没有警察、没有枪支、没有麻醉针，只有一群孩子一样的居民，他们想尽办法躲避狮子。这完全的儿童视角让诗歌"乱"中有"趣"，而最后，狮子只是温和地在电影院里看从自己老家拍来的电影。人们的恐慌和狮子的温和形成了对比，这时，诗歌的主题也呼之欲出，动物园里的狮子，将如何重回"非洲"？囚禁和掠夺，在大自然秩序被破坏时真正开始叩问人心。

诵与思

1. 有感情地朗读诗歌，想象画面。
2. 请你把这首小诗改编成一个小故事，要求生动形象。

致　谢

　　《外国经典童诗诵读100首》即将付梓，我们谨怀拳拳之心，对主编王宜振老师以及各位作者、译者、赏析作者、编者深表感谢，对全国各地期待童诗读本已久的老师、家长和孩子们深表感谢。

　　这本书从组稿、编校到排版、印制，每一个环节都经过精雕细琢，我们旨在天然地呈现一份"诗意"。希望此书的出版能成为当前语文教学的一个补充，能给语文老师和学生提供一个完美的童诗读本，能在千千万万读者心中播撒一粒诗的种子！

　　学无止境，美无止境，诗无止境，我们秉持诗心打造这样一部作品。再一次，感谢给予我们支持和关注的大小朋友们。另外，书中有几首诗歌作者、译者不详，希望翻译界老师和广大读者多多留意，请知悉者及时联系出版社（029-88201441），我们将及时给作者、译者寄发样书和稿酬，并在重印时补注姓名。谢谢！

西安电子科技大学出版社·人文分社

2018年3月6日

中国儿童文学研究会诗歌教育委员会指定用书
入选"中国教育报 2017 年度教师喜爱的 100 本书"

（书名：《现代诗歌教育普及读本》　　编著：王宜振）

京东、当当、文轩网、亚马逊热销
团购电话：029-88201467 88202945

内容简介

这是一套打造孩子超级想象力的书，诗意盎然！

我国著名儿童诗诗人、全国优秀儿童文学奖获得者王宜振编著的《现代诗歌教育普及读本》（全2册），由西安电子科技大学出版社出版发行。作者以一个诗人的视角、敏锐和智慧，在诗歌的海洋里精心采撷，把世界最美好的诗歌呈现眼前，并进行诗意而有趣味的解读，深入浅出地娓娓道出诗歌的常识。这套书不仅适合每一位老师，更适合每一位学生，它将在孩子的心田种下一颗诗的种子，进而长成一棵参天大树。

全书大约五十万字，分上、下两册，内容包括什么是诗歌，我们为什么要读诗，诗歌的审美视点，诗歌的分类，诗歌的想象力等九章，堪称目前对孩子进行诗歌普及教育的一个完美读本。

附 录

下列童诗选自《中国经典童诗诵读100首》和《外国经典童诗诵读100首》，请扫一扫二维码，试听诵读音频。欢迎关注"宜振谈诗教"公众号，品读更多美好的童诗！

《中国经典童诗诵读100首》

别钓小鱼　　　　春天很大又很小　　　　青蛙写诗

太阳的话　　　　静静的夜　　　　小河骑过小平原

《外国经典童诗诵读100首》

别挤啦　　　　巨人和老鼠　　　　露珠

需要什么　　　　要造就一片草原　　　　萤火虫

图书在版编目（ＣＩＰ）数据

外国经典童诗诵读100首 / 王宜振编.

-- 西安：西安电子科技大学出版社，2018.5（2020.3 重印）

ISBN 978-7-5606-4901-6

Ⅰ．①外… Ⅱ．①王… Ⅲ．①儿童诗歌－诗集－世界 Ⅳ．①I18

中国版本图书馆CIP数据核字(2018)第062683号

策划编辑　邵汉平　　高维岳

责任编辑　邵汉平　　穆文婷

出版发行　西安电子科技大学出版社（西安市太白南路2号）

电　　话　（029）88242885　88201467　　　邮　　编　710071

网　　址　www.xduph.com　　　电子邮箱　xdupfxb001@163.com

经　　销　新华书店

印刷单位　陕西安康天宝实业有限公司

版　　次　2018年5月第1版　　　2020年3月第5次印刷

开　　本　710毫米×1000毫米　　1/16　　印　　张　12.75　彩2

字　　数　150千字

定　　价　36.00元

ISBN　978-7-5606-4901-6 / I

XDUP　5203001-5

*****如有印装问题可调换*****